兒童與我

乘著歌聲翅膀的小兒外科醫師

莊錦豪｜著

目錄／

目錄

推薦序1／

喜悅與哀愁並陳，玉蓮花在那兒等待

中國醫藥大學外科講座教授暨中國醫藥大學附設醫院顧問 **林哲男**

在回顧醫學史中，我常驚訝於外科學奇蹟似的進步。尤其第二次世界大戰（一九四五年）後外科蛻變成最有效而科學的醫療專科。此奇蹟必須歸功於對水與電解質代謝的了解，抗生素的發現與應用，麻醉科學的進步等等，讓外科由摘除、重建、移植進入微創，甚至機器人手術的新時代。在這個外科奇蹟中，莊錦豪醫師適逢其盛，有幸進入外科領域，傳承並發揮了外科醫師的光輝。

小兒外科是外科次專科中，唯一不以器官而以年紀分出的次專科。小兒外科顧名思義，很多都是先天性的構造異常。這些異常經過手術的矯正，有的變成正常，有的必需在病痛的無奈中終其一生。小兒外科醫師需要陪伴病童與家屬，一起喜悅，一起哀愁。

莊錦豪醫師以「乘著歌聲翅膀的小兒外科醫師」來描述他的小兒外科生涯。「乘著歌聲的翅膀」出自孟德爾頌的一首膾炙人口的歌曲。乘著歌聲的翅膀，莊醫師去到那恆河岸旁美麗的好地方。那裏的花園開滿了紅花，月亮在放射光輝。玉蓮花在那兒等待，等待她的小妹妹。紫羅蘭微笑的耳語，仰望著明亮星星；玫瑰花悄悄地講著，她芬芳的好心情。那溫柔而可愛的羚羊，跳過來細心傾聽遠處那聖河的波濤喧嘯聲。

莊醫師能在那片椰林中，享受著愛情和安靜，做甜蜜幸福的夢，這是人生最大的福氣。是為序。

推薦序2／

花從淡處留香久，果為酸餘得味甘

中山醫學大學附設醫院前副院長 **巫堂鑾**

十三年前不幸意外中風，從需靠靈巧的雙手維生的外科醫師變成復健病人，上天並沒有特別優遇我。常人看似平常不過的「舉手投足」，「刷牙吃飯」我都得重新學起。從前被忽略的左肢，此刻擔負著重責，我必須努力不懈的喚醒付予它新的功能，縱然只是基本的生活所需，要熟能生巧可是要花一番功夫！汗珠隨著眼框打轉的淚珠潸然而下！

有生以來第一次，我體認到自己不是無敵的，不像電腦可以備份後先關機再重新啟動。生命的豐盛不只取決於細胞的健康，更取決於大腦靠神經傳送指令與認知溝通的完整能力！

復健之路雖然漫長，看著每月更換一批新的住院過客，只能自我安慰：「我並不是最差的！」

生病後我並未離開最愛的小兒外科，雖然中斷了論文的發表，定期的醫學討論會從未缺席，也參加多次國外的討論會，在小兒外科全體成員的呵護下留下長春及北京的足跡！長春長白山天池的凜冽寒風激起我的鬥志，北京長城最後一階沒扶手，就在全體會員拍手歡呼中及時伸出援手，完成我病後再次走完全程的壯志。

有幸透過莊教授書中的精采描述，再一次勾起難忘美好的回憶，小兒外科在洪文宗教授草創到各屆理事長的竭盡心力，打進亞洲及太平洋小兒外科學會，相信經過國際交流更能增廣視野，精進技術的交流，讓台灣的小兒外科更像乘著歌聲的翅膀成長茁壯發光發熱。

專業養成大不易，同學難得成同行

台北國泰醫院外科部前部主任暨小兒外科主任 **陳德芳**

我的台大同學莊錦豪醫師寄給我他的新書著作 - 兒童與我：乘著歌聲翅膀的小兒外科醫師，我花了幾天的時間詳細閱讀，讀完之後非常感動，心中頗有戚戚焉，我們班上同學只有我和他從事小兒外科的工作，當年要選擇這一行業也是經過再三的考慮，因為當時從事小兒外科工作的前輩不多，只有幾間大的醫院有小兒外科的醫師在執業，還沒有醫學會的成立，也沒有專科醫師制度的建立，完全要靠自己的努力學習和認真觀察老師的手術，甚至要不斷地從教科書上去學習別人的經驗和指引，碰到疑難雜症還要去請教老師來學習改進，也經常不斷地利用討論會將自己的案例提出來請教前輩老師及先進們的意見然後再加上自己的模擬揣測去修正。

時光似箭一晃就是四十幾年過去了，我們大家都面臨到要退休了，莊醫師將他過去選擇小兒外科做他終身的志業以及後來行醫過程的點點滴滴在這本書裡做詳盡的解說以及整理，而且依據身體的部位及組織器官的機能加以概述並以圖片來闡述它們的嚴重性，並在最後一章將他過去幾十年來參加國內外重要的醫學會議所遇到的重要人物及相關出席人員加以說明，讓沒有機會參加的醫師可以認知，更讓快要忘記過去歷程的相關人員可以勾引出他們的回憶。

說實話過去在大學學生學習生涯的過程中，我和莊醫師並沒有很多的互動，一直到我從台北國泰醫院退休後因家庭因素來到高雄才和他有比較多的接觸及往來，對於他做事態度的執著及堅持印象深刻，同時他的剛正不阿的個性讓我印象深刻，在這段期間我讀過他好幾本的著作，對於他寫作的能力、文學素養以及整理的技巧及嚴密的思慮相當佩服，這在我們同學當中也是相當少見，所以對於他這本書的問世我是寄以相當的期待，希望對於將來有志於從事小兒外科的後進可以有相當正面的鼓勵，今以此文表達我個人的厚望及推薦。

推薦序4／

堪比顏回的小兒外科醫生

台灣大學醫學院附設醫院外科教授暨小兒外科主任 **許文明**

莊錦豪院長是大我十屆以上的學長，因此雖然同在台大小兒外科受訓，學生時期與莊院長並無任何交集的機會。但即使如此，我在小兒外科受訓期間對於莊錦豪院長卻是久仰大名。原因無他，我的授業恩師陳秋江教授在我受訓時期，經常提起莊院長這位得意門生的大名，陳教授稱讚莊院長極富特有觀察力及研究精神，對問題總有獨到見解，並能堅持到底的證明自己的想法。陳教授舉例胎便性腸阻塞（meconium ileus）在西方國家大多是因為囊狀纖維化（cystic fibrosis）所引起，但台灣人並沒有囊狀纖維化的基因異常，為何會有類似的疾病表現？莊院長認為應該是胎便成分有問題，經深入分析比較果然發現這些病童的胎便蛋白質成分異於正常新生兒。陳教授希望我們以莊院長為榜樣，能看清問題的本質，並徹底探究其原因。如果將陳教授比為孔夫子，那麼莊院長在我眼中，便是如同顏回一般讓孔夫子盛讚不已的高徒。

在進入小兒外科醫學會後，因開會的關係終於有機會接觸莊院長，甚至後來因兒童神經母細胞瘤的共同研究興趣，跟莊院長也有一起合作的機會。莊院長對問題的獨特見解，周密的思慮，有條不紊的資料收集分析，孜孜不倦的追根究柢，在在都令人佩服的五體投地。歷史中的顏回英年早逝，也未留下任何著作，後人無從得知這位孔夫子眼中的高徒究竟有多優秀。而今日我們很幸運的是莊院長透過這本新作《兒童與我—乘著歌聲翅膀的小兒外科醫師》，將他一生在小兒外科職涯中所學習到深刻體驗以及個人的獨到見解，一點一滴精細紀錄，讓我們得以一窺莊院長萬仞宮牆內博大精深的學養內涵。

雖然這本書乍看之下僅像是莊院長的個人傳記，然而事實上對一般讀者而言卻是一本極為成功的科普文學，因為透過這本書一般讀者可以進一步認識甚麼是小兒外科醫師，小兒外科醫師在處理甚麼樣的病人跟疾病，跟傳統上依照器官系統劃分的各種成人外科有何不同，同時透過莊院長簡單易懂的文字，加上許多古今中外的歷史典故及詩詞歌賦，不知不覺中就可以認識許許多多常見的小兒外科疾病，並進而懂得趨吉避凶，讓自家小孩免於無謂的傷害。而對於剛進入醫學這個領域的人來說，這本書則是一本最佳的入門引導，莊院長以個人的經驗及獨到看法，提供簡要原則引領初學者如何進行醫學以及外科的修習，此外更以許許多多真實案例提醒初學者這些原則的重要性，並且強調如何在面對臨床困境時，能夠思索解決之道，更進而能夠深入研究踏入學術之路。而對於已進入小兒外科領域的人來說，這本書則是一生修煉的心經，每一個章節開頭的簡短文句，就是其中的心法，文句雖然簡要但應是莊院長深切的領悟。

個人在莊院長面前雖不敢言老，然而進入小兒外科領域也將近三十載，書中字字句句讀來心中感觸良深，莊院長簡單幾字即道盡小兒外科醫師生涯的酸甜苦澀。小兒外科確實是十分困難的專科，病患是如此的脆弱，而疾病卻是無比的千變萬化，然而小兒外科醫師的一個決定或是關鍵一刀，卻可能換來病患未來數十載的幸福人生，因此小兒外科雖是困難卻是投報率極高的專科。而就如同美國費城兒童醫院小兒外科創始人 Everett Koop 所說：「小兒外科是外科醫師的天堂，因為只有小兒外科醫師能夠有機會開遍所有器官系統的手術」，我想這應該是追求技藝巔峰的外科醫師才能有的體會。

承蒙莊院長抬愛，邀請本人為這本大作寫推薦序，本人謹在此呼籲所有關心兒童健康的非專業及專業人士，有機會務必詳讀此書，這是一本難得一見的絕佳著作。這本書出版時正值台灣面臨嚴重少子化的關鍵時刻，小兒外科病患大幅減少，對台灣小兒外科專科醫師的養成構成嚴重威脅，這本豐富的著作恰恰可以彌補經驗不足的缺憾。而也正因為嚴重的少子化，多數年輕醫師都將小兒外科視為夕陽科別不願從事。但在另一方面「節能減碳、永續發展」則是現在國家最熱門的討論主題，可笑的是兒童相關產業卻被視為夕陽產業，這聽來格外諷刺，畢竟小孩都沒了何來的「永續」？相較於小兒外科在台灣的不受重視，小兒外科在美國卻是最熱門的外科次專科，一個國家能否永續強大，在此高下立判。

感恩莊院長願意投注這麼多心力在台灣小兒外科的發展，在閱覽莊院長的文章時，彷彿間又像是聽到恩師陳秋江教授的諄諄叮嚀，或許陳教授的身教言教無形中也已融入了莊院長的潛意識之內，就如同日本著名漫畫—棋靈王所說的「千年的等待」，也正是莊院長衷心盼望的目標—典範傳承。書中最後一章「行腳小兒外科，宛若乘著歌聲的翅膀」透過莊院長巨細靡遺的紀錄，瞬間整個人又回到各個精彩的會議及旅程之中，對莊院長驚人的記憶及資料收集能力除了敬佩之外，更感謝莊院長讓我有機會再重溫舊日的歡樂時光。最後敬祝莊院長大作成功出版，並盼小兒外科在台灣能永續傳承，所有志同道合的朋友們一起乘著歌聲的翅膀，優游於小兒外科的天地。

典範盡傳承，乘歌聲續行

亞東醫院副院長暨小兒外科醫師 **陳芸**

難行孤路習醫苦，使得重症兒童救，醫學萬花筒，病難仰費心；
回首來時路，不怨也不悔，典範盡傳承，乘歌聲續行。

莊院長一直是我們小兒外科後輩追隨與仿效的典範，他很正直、嚴謹、盡責是我們所認識的面向，從他的第一本著作《過河卒子》談到他的求學與人生成長歷程，文章中也展現他學富五車、飽讀詩書的優雅與文采，讓我們認識另一面的他，而這本書《兒童與我：乘著歌聲翅膀的小兒外科醫師》其實是敘事醫學體現的典範書籍，本著莊教授說故事的功力，將小兒外科醫師的工作範疇從頭頸、食道胸腔、腹部、肝膽、生殖泌尿系統常見疾病做了故事性的說明，讓不是醫學背景的讀者都容易了解，也結合他妙筆生花的文筆，與相關歷史典故的敘述，利用圖文並茂的方式，讓文章生動有趣，是一般民眾、家長、醫學生、與醫師都值得閱讀與珍藏的書。

雖然知道莊院長是我們台大醫學系的大學長，但是因為教授很早就到長庚體系服務，都是在國內外醫學會開會時，領略教授的功力，知道教授在膽道閉鎖、神經母細胞瘤的手術與研究都很深入，著作等身，也對於台灣與國際小兒外科醫學會以及兩岸小兒外科腫瘤醫學會都很熱心，貢獻卓著。藉由本書，更能深入了解這些年來，莊教授對台灣小兒外科界的貢獻，推動這些學會與交流，我被他感召，盡力參加他所號召的幾次國際或兩岸學會的交流，也謝謝莊教授的推薦與提攜，讓我能夠在日本小兒外科醫學會以及海峽兩岸小兒外科腫瘤醫學會報告演講。第八章對於這些學會的來龍去脈做了很多整理，也是小兒外科界一份重要的史料。

小兒外科醫師值班待命天數最長，所管理的疾病範疇最廣，所面對的病童長期成長的期程最長，也最需要縝密的思考與治療。教授分享的點點滴滴，我們都感同身受。書本後記中的小兒外科沒有小手術，每個手術除了手術本身之外，都需要細膩的術前規劃與術後照護，才會順利。

而且手術是該快就要快，兒童的失溫或出血都影響深遠，容不得慢郎中。而手術該慢也要慢，影響兒童的一生的事，會有一些決策甚至是不手術的保守治療，不戰而屈人之兵，而不是速食文化什麼都手術。

由衷敬佩這些像莊院長這樣的前輩，犧牲奉獻，選擇一個身體治療範圍最廣的外科像個醫界萬花筒，養成期程又最長才能成熟，收入最少、時薪又最低的科，但治療結果卻又對國家社會的健康有重大影響的小兒外科。教授的真誠與熱忱，就像看到他寫道，被治療好的重症患者與家長在出遊時相認或看到病人長大成為社會有用的人就會深受鼓舞，我們也深深感動。我之前也和北榮一位醫師本來相約去非洲支援當地醫療，但實在暫時抽不出身，我醫院的小兒外科同事這兩個月先出發了，他留職停薪到滿是戰亂的南蘇丹協助無國界團體的外科醫療。在那裏，也只有我們小兒外科的訓練大部分什麼都能開，希望能做最大貢獻。有莊院長這樣的前輩感召，就能持續有對的醫師加入小兒外科行列，一起為國家兒童的健康而努力。讀完這本書，你應該和我一樣有著滿滿感動，對小兒外科醫師也有更深的認識。

作者序／

從典範轉移到乘著歌聲的翅膀

筆者怎麼成為小兒外科醫師？這故事可能要從我為什麼學醫開始。從日本統治台灣那個時代到現在，醫師都是穩當又收入不錯的行業，只要考得上，很多家長多希望自己的孩子擠進這個窄門，適不適合當醫生是次要考量。筆者家族務農，只要不當農夫，長輩從不勉強我選擇什麼志願。當年一試決定自己的醫療事業，甚至於後來的終身大事。驀然回首來時路，嘗盡酸甜苦辣之後，竟然心存滿滿的感恩！自覺老天待我不薄。

法國科學家巴斯德曾說：「機會是留給準備好的人」。一個曾經不想當醫生的人，莫說準備好當醫生，甚至壓根兒都沒有想到當小兒外科醫生！在拙作《過河卒子》已經交代過心路歷程。包括筆者在內，很多人的職業選擇是靠機遇，機遇不一定可以完全操之在己，客觀環境常常左右我們的選擇。

不管喜不喜歡，筆者可能是造物主無意間選中要好好考驗的人之一，因為一大堆造物主未竟全功的小孩子，就留給小兒外科醫師手上完成！還好造物主待我還算仁慈，那段時間給了我兩個可愛的女兒，成為我踏入這一行的催化劑！一般人進入某一行業，都會先被它的好處和遠景所吸引，我的授業師陳秋江教授卻告誡我小兒外科醫師難為，要我好好考慮！筆者沒有因此知難而退，反而一入行就戰戰兢兢，如臨深淵，如履薄冰。還好陳教授的言教、身教都非常到位，讓我學到兒童的反應永遠比我們知道的快半拍，才能及時提供他們最適切的處置。他也教導我要精確掌握病人異常部位的解剖學構造，才能精準下刀，這一點是小兒外科醫師須錙銖必較的。

之後在台北長庚醫院師事林哲男教授，不僅知道門診手術適用於像疝氣手術的病人，更懂得幫病人家屬看緊荷包，也積極寫論文、參與國內外醫學會，以文會友。除了兩位恩師的教誨，也感謝洪文宗、陳維昭教授以及一路上遇到的長官、長輩知遇之恩。這麼多年下來，也深深體認小兒外科沒有小手術，因為任何小朋友多是父母或祖父母的心肝寶貝，對小手術出意外是「零容忍」！小兒外科也切忌速食文化，因為手頭上病人一生的生活品質，就決定在刀口上，甚至於小兒外科醫師一念之間！

小兒外科無法獨立存在，我們須要一個可以發揮的平台，除了當住院醫師時在台大醫院，筆者其餘時間都在長庚醫院，先在台北，隨後大半生在高雄。無論小兒科、麻醉科乃至於其他相關專科，以及護理、行政等等單位，構成一個緊密支援的生態圈，讓小兒外科可以玉立長存。筆者也藉此感謝體系對如此困難專科的眷顧！

病人是我們治療的對象，當然是本書的主角。飲水思源，在此衷心感謝他們的父母，願意讓小朋友接受我們的醫療服務。筆者引用手頭治療過的病例，盡量在尊重病人及家屬隱私下完成，希望能避免不當的聯想。特別對無法治癒或未竟全功的病人家屬，也藉此感激他們的諒解。從一九八六年高雄長庚醫院開幕起始，陸陸續續有開業醫師轉介病人到我們的門診接受診治，他們的信任與支持，也成為這專業存續的重要推手，在此特別提出並致謝。印象比較深刻的醫師，在本書後記裡還有專文介紹。

本書點出小兒外科醫師的難為，旨在讓大眾明白這專科的存在多麼不容易，也要使立志從事這一行的年輕醫師有所準備。越是充滿挑戰的專科，越需要充分的準備。「不經一番寒徹骨，怎得梅花撲鼻香？」沒有一種行業只問耕耘，沒有收穫的。小兒外科也不例外，如果這位醫師喜歡小孩，能從生病兒童術前無助的眼神，看到術後恢復過來的光采，並享受那天真無邪的稚氣所帶來的歡愉，他就已經參透這一行的天機！

本書記錄筆者印象比較深刻的小兒外科故事，當然無法面面俱到。有些常見的疾病像急性闌尾炎或腸套疊，就沒有提到。反而一些不常見的疾病，若有相當警示作用，就會特別提出來分享。為增添可讀性，避免像念教科書一般枯燥，書中會適時引用典故、成語甚至於我們這年代的人熟悉的歌曲，強化讀者的印象。例如，第二章提到人不可貌相的典故出處，筆者用意在強調兒童頭頸部的外科疾病非常多，變數也大，務必要善於貌相，才能胸有成竹地應付它，而不是動輒開單檢查或推給別人。

筆者希望本書能將我所親炙的典範傳承下去，也藉乘著歌聲的翅膀到世界各地開會時，向所碰到、也支持我的所有海內外先進及朋友，在此表達我衷心的謝忱，並在第八章有列出他們的名字。孤掌絕對難鳴，小兒外科少見及罕見疾病比任何科還多，我們須要時時和同好切磋琢磨，砥礪自己。以海峽兩岸兒童腫瘤研討會為例，自從二〇〇五年開始延續至今未中輟，成為海峽兩岸三地極少數還在交流，且時間也夠長的學術盛會。

書本記錄的是歷史，是一個醫師過去事件的彙整，難免有殘缺不全、甚至於掛一漏萬的地方。讀者若能包容這有限的見識，從中找到可以引起共鳴的樂趣，就幫筆者達成出版這本書的目的。

感謝我的老師林哲男講座教授、前輩巫堂鑒副院長、同學陳德芳主任以及許文明教授和陳芸副院長撰文推薦，他們的資歷恰好橫跨半世紀的台灣小兒外科，也見證這專業存續的重要性。他們的巧手挽救許多兒童的生命，並賦予後者嶄新的生活意義。我們也期盼透過這麼多同行的發聲，一起為小兒外科的發展注入能量，持續振翅高飛。

莊錦豪
2022/04/12

第一章——拿小孩開刀？沒有搞錯吧！

孩子受得了嗎？拿小孩開刀？

自古以來，拿人開刀通常有幾個意思：直覺上，首先想到的，當然是動手術治病，其中最有名的，是《三國演義》裡記載華佗為關羽刮骨療傷的故事。話說，關羽斬殺龐德後，再次進攻樊城，卻被一支帶毒冷箭射中右臂。神醫華佗來為他用刀刮骨去毒，手術進行中，旁邊看的人都面色如土，關羽仍飲酒食肉，談笑弈棋，毫無痛苦的表情。其次，開刀也有斬首，或對某人不爽、犯錯時，拿他下手、懲處，有殺雞警猴的味道。

拿小孩開刀當然是幫小孩動手術治他們的病，也是為解決兒童種種先天或後天的身體問題，不得已下的決定，這自然是小兒外科醫師責無旁貸的事。拿小孩子開刀絕無嚇唬小孩的意思，但是，只要稍微懂事的兒童，一旦聽說要動刀，沒有幾個不被嚇壞。也真的有家長為了教不乖的孩子乖乖，威嚇小孩子：「再不乖就找醫生給你開刀！」效果應該不錯。

拿小孩開刀，絕對沒有關羽面對華佗替他刮骨去毒那般輕鬆自若！小孩子有血、有肉、有感覺，和他們骨肉相連的父母，甚至於隔一代的祖父母，對於拿他們家兒子或孫子開刀，當然也有感覺！他們又是法定代理人，自然地意見就多了。和他們的對話，絕對是其他行業的人無法領略的體驗。眾多問題中，最常見的莫過於：這麼小的孩子可以開刀嗎？尤其是新生兒，在長輩眼中就那麼一丁點兒大小，能承受得了手術的風險嗎？特別是體重輕、個子小的早產兒，弱不禁風的模樣，這一刀下去，還活得了嗎？

的確，這不是杞人憂天的事。如果在一九五〇年代以前，手術技術、設備和麻醉技術、設備，樣樣都落後的時代，年紀小一點的兒童，莫說是緊急手術，就算一般例行性的外科問題，也能拖就拖，拖到大孩子甚至於成人才解決。不能拖的急診外科問題，特別是新生兒先天性異常，例如後面章節會提到的食道完全阻塞的「先天性食道閉鎖」，或出生後才發生的腸道嚴重發炎導致腸子壞死甚至於穿孔的「壞死性腸結腸炎」，即使是醫藥科技先進的美國，經過小兒外科醫生手術搶救，每四例中也僅有一例能存活！其他國家就不用說了。存活率這麼低，拿小孩開刀，真的不能開玩笑！

僅僅五十年後的公元二〇〇〇年，上述兩種新生兒外科重大疾病，術後存活率，多高達九成以上。其他異常亦然。除非碰到的病例非常罕見，或者合併的問題很複雜，否則小兒外科醫生拿小孩開刀，多數十拿九穩，成功率很高。「孩子受得了嗎？」這問題似乎是多慮。但是，除了像腹股溝疝氣（脫腸）那般比較輕微的外科問題，可以一次手術就解決孩子和父母的困擾，很多小兒外科的疾病，其手術成功的定義，不能只看短期的、一時的結果，更要看長期、終身受用的人生！後者須要的說明和付出，常常更甚於前者。

拿小孩開刀，不能開玩笑的另一原因在手術麻醉的風險，不分術式大小都存在，這一點在第七章還會進一步說明。在兒童身上動手術，是嚴肅的事，小兒外科醫生沒有輕忽的本錢！

不凡的出生，開啟異樣的人生

當一輩子的小兒外科醫師，常有穿越時光隧道的錯覺。特別的是，突然發現從小看到大，曾經是小巧又體弱多病的小女生，轉瞬間十八變後，成為護士、成為女醫師，或成為其他上班族的一員。別有一番韻味之外，已經不是印象中當年經常隨父親或母親，甚至於爺爺、奶奶進出醫院的小朋友！當然，也意外發現曾經是弱不禁風的小男生，長大後變成帥哥或至少自詡是勇將的標緻大男人。

上述彷彿脫胎換骨的蛻變，當然是最理想的狀況，也是小兒外科醫師夢寐以求的情境。還記得將近四十年前，我離開涵養我多年的台大醫院，轉往台北長庚醫院任職。三年後，有一天和家人到桃園慈湖遊覽參訪，走在路上被一位女士叫住，她手上牽著一個非常可愛又活潑的小男生，大約四歲年紀，我定睛看了這媽媽一下，才慢慢回想起我在台大醫院當住院醫師第三年，曾經和這位媽媽的孩子，有一段刻骨銘心的照護經歷。她兒子生後患有「壞死性腸結腸炎」，手術中發現很長的一段小腸糜爛、壞死穿孔，不得不切掉，把剩下不是很長但還算正常的兩端腸子接上。基本上，這小朋友已經有「短腸症候群」，吸收營養的腸道太短，面積也太小，不夠生長所需。

術後除了要克服發炎引起的種種併發症，還因他短期內不能經口攝取足夠的營養，必須提供他靜脈營養。後者在當時多是經由周邊血管輸入，漏針的問題層出不窮，形成照顧的難題。如此奮鬥了好幾個月，直到可以從嘴順利進食，體重逐日增加後，才放心讓他出院。這中間，媽媽不時會來醫院看他的兒子，和我們互動密切。小朋友出院時，我已經當上台大醫院小兒外科總住院醫師，隔年完訓後轉到台北長庚醫院服務。小男孩出院後在主治醫師門診追蹤，我沒有參與，所以有三年沒看過他們母子倆。若不是這位媽媽叫住我，分享他兒子的現況，任誰都沒辦法想到眼前這位活潑又可愛的小男生，出生後曾經在醫院和病魔纏鬥過那麼長的時間！

這位小朋友術後雖然經過一段非常坎坷的路，但是終究能展開新的人生，對於年輕的小兒外科醫師，絕對是非常鼓舞人心的例子。可惜的是，不是每一個小朋友術後走過的路，都是如此平順。在沒有健保的年代，一般家庭收入不豐，面對一下子要拿出錢來幫小孩治病，還不知道手術完、長大後會是什麼樣子，其衝擊之大，絕非外人可以想像。因生出一個異常、須要動手術治療的小孩，導致家庭失和、吵成一團的事，時有所聞。夫妻離異，也很常見。尤其新生兒先天性異常比較複雜，或說出來的病令人難堪時，互相責怪就不稀罕了！有的小朋友出生後被人送來大醫院，連父母是誰還搞不清楚，轉送的人就跑掉了。最後要勞駕社福部門的人出面，甚至於出錢、出力，才能撿回小孩一命。

畢竟母子骨肉連心，無論手術結果如何，出面善後的多是母親。但也碰到幾例父母離婚，丟下孩子不管，由阿公、阿嬤出面處理的狀況。

民國七十五年，高雄長庚醫院剛開幕不久，我治療一名來自於東部的小孩。他有肛門閉鎖（俗稱無肛症）的問題，也合併手臂及脊椎的異常。手術分階段進行，除了剛出生時由醫院護理人員及父親一起送來，之後接觸的都是孩子的媽媽。術後排便還算順利，我們也指示孩子的媽媽定時給孩子用金屬擴肛棒擴肛。因為不是生來就有肛門，而是我們做出來的，這種小孩當然缺乏先天具有的反射性排便動作，須要一天至少一至二次的擴肛，給予刺激訓練才可以。這樣常規擴肛，也是為了避免做出來的肛門術後結疤變狹窄。因媽媽要工作養小孩，地方又遠，他們很久才來一次我的門診。每次出現在我的面前，小男孩都挺著一個大肚子，因為缺乏常規擴肛，大便堆積到把後段大腸塞滿。我們只好安排到手術室，在全身麻醉比較不痛苦狀態下，免費幫他清一肚子的大便。

不僅擴肛時斷時續，媽媽也無暇注意孩子的排便習慣，注成週而復始的便秘困境，直到將近成年，最後一次追蹤時，狀況依然存在。而且手臂及脊椎的異常，也構成其自卑及求職的困境。我們試圖從各種管道幫助這對母子，成效似乎有限。這也成為身為小兒外科醫師的筆者，經過三十多年仍然難以釋懷的案例！我們不禁沉思，小兒外科這專科是否走得太前面？

在國民所得仍低、尚未有全民健保的發展中國家，我們修補先天有缺陷的小孩，若無法做到盡善盡美，讓小朋友的未來，無後顧之憂，是不是一開始就要有所抉擇、割捨，不要讓這樣的兒童抱殘守缺、抱憾終身？生下來就與眾不同，已經讓父母難堪，後續若無法讓孩子有正常的生活品質，還成為家庭及個人看不到盡頭的負擔，就失去醫療的價值和本意。這樣的倫理議題，後面章節還會提出討論。小兒外科醫師面對兒童不完美的人生開端，不能光想一時的手術成功與否，還要判斷挽救回來的兒童，是否能有坦途，手術時的判斷和小兒外科醫師的臨場技術固然是其中之一，術前明察秋毫，身體狀況瞭若指掌，更是必須要事先完成的一步！

無法「扮演上帝」，只好明察秋毫

生下來就有缺陷的兒童，如果醫生的巧手，還是沒辦法帶給他（她）正常的人生，孩子和他們的父母就應該向上帝或造物主申訴！很多年前，筆者看了一本小說，名字就叫做《扮演上帝的人》（英文名 Godplayer）。看到書名，非常興奮，因為當年經手病人不少，手術成功的固然占多數，但是不如意的還是偶爾會碰到，這時候就非常希望自己有上帝的巧手，可以完美地補救所有上帝未完成的作品！可惜，這是本驚悚小說！主角是傑出的心臟外科醫師，為了讓自己的病人佔有醫院更多的床位，居然用致命藥物偷偷注射到其他醫師的病人血管內，殺人於無形，做案到幾乎是天衣無縫！作者用「扮演上帝的人」當書名，相當諷刺！

醫生不是上帝，甚至對於多數醫師，神醫的美名當之有愧！個人的資質自己知道，只好按部就班，一絲不苟，才可以無愧於心。尤其當一名小兒外科醫師，看一位生下來有一處缺陷的兒童，必須把病人從頭看到腳，把小孩子的身體看光光，還要用所有可用的診斷工具，明察秋毫，注意肉眼看不到的地方！如果說身上有一處缺陷的兒童，只是上帝一時不小心，未克完成的作品，對於多數小兒外科醫師，還算好辦！

國人常說：好事多磨、壞事成雙。對於身上帶來不幸、有缺陷的兒童，常有很高的比例，還有其他的異常。造物主的失常，有時小兒外科醫師也難承擔修復的重擔！就像前面那位肛門閉鎖的小孩，也合併手臂及脊椎的異常。後者不僅超出我們的專業，也考倒小兒骨科和小兒神經外科醫師。如果不幸合併染色體異常，還要看異常的類別和影響的深度，那又是更深一層要傷腦筋的問題，因為常常會牽涉到醫學倫理最困難的議題—是否放棄不救！讓染色體異常過於嚴重的小孩，在沒有或者最少的醫療介入下，離開這個世界。因為，儘管科技日新月異，但是直到今天，我們還是沒有能力修復異常的染色體。這類小朋友的悲慘，常常不是三言兩語解釋得完。

可以想像在那樣的情況下，小兒外科醫師不但無法「扮演上帝的手」，還要職司地獄判官的裁量權，判定一個出生不久，還無福享受人生的小孩，無法在目前醫療環境下，給予一線生機。因為小孩活下來的日子，注定無法享有常人應該有的生活品質。後面章節還會碰到真實案例，可以說得更明白。

當然，避免掛一漏萬未能明察秋毫的狀況，不只發生在先天性異常的新生兒，也發生在大孩子，例如常見的急性闌尾炎（俗稱盲腸炎），術前診斷務必要精確，其他可能會搞混的狀況也要設想到，並且給予排除，否則率然動刀，病人有可能問題就解決了，也有可能白挨一刀。

「不戰而屈人之兵」是用兵的最高境界，對於小兒外科醫師，若能不動刀解決外科問題，絕對是優先考慮的選項。當然，這樣的狀況雖然不是很多，也不是鳳毛麟角般罕見，其中很多與時俱進，像車禍或鈍器造成的肝臟裂傷，若不是很嚴重，不須像很多外傷一樣，急著手術治療。這也是經驗累積後大家提出討論，發表論文分享，才得到的共識。

其次是選擇最合適的手術式，並且在最適當的時機給予解決問題，如此，就算扮演不了上帝，當祂人世間的助手，修復殘缺不全的作品，也近乎無愧於心。

外科的小尖兵，醫界的萬花筒

小兒外科不是憑空生出來的專科。專門照顧生病兒童的兒童醫院，也是在第一次工業革命後誕生。第一家兒童醫院，據信是一八〇二年，在法國巴黎的 L'Hôpital Des Enfants-Malades。接著位於英國倫敦坎登自治市布盧姆斯伯里（Bloomsbury）地區，名為大奧蒙德街醫院（Great Ormond Street Hospital）的兒童醫院，也拜工業革命、英國生活進步之賜，於一八五二年成立。美國及加拿大不遑多讓，也相繼於一八五五、一八六九及一八七五年，在費城、波士頓及多倫多成立兒童醫院。一時之間，群雄並起，但是小兒外科變成受到大眾肯定的專科，卻不是在兒童醫院成立時就迎頭趕上，而是落後將近半個多世紀！

以被視為小兒外科的奠基人之一威廉·愛德華茲·拉德（William Edwards Ladd）為例，他生於一八八〇年，在哈佛大學完成學業，在哈佛醫學院相關機構執業，直到第一次世界大戰後，才全心執行小兒外科的業務。另外一位泰斗是羅伯特．愛德華．葛羅斯（Robert Edward Gross）醫師，葛羅斯醫師早期在波士頓兒童醫院從事兒童心臟外科的工作，所以曾擔任美國胸腔外科協會主席。他在一九三八年，才成功結紮一例開放性動脈導管的病例，開啟心臟外科的先河！很有趣的是，這兩位大師於一九四一年，合寫《嬰兒與孩童腹部手術》（Abdominal Surgery of Infancy and Childhood）一書，不僅名噪一時，也成為小兒外科的經典著作。

各位也許注意到葛羅斯醫師從兒童心臟外科起家，卻成為知名的小兒外科醫師，並帶出很多傑出的小兒外科醫師。其實，他也不是特例，在拙作《過河卒子》中，我提到自己在台大醫院外科部接受小兒外科訓練，當時的三位老師之一，也是台灣小兒外科的奠基者洪文宗教授，早年到德國留學，攻讀體外循環，原打算做心臟外科，卻陰錯陽差被指派到小兒外科這領域。所以他常說：I train myself，在前無古人下，這也反映當時的外科醫界情境。

二十一世紀出生的一代，看到醫學發達，各專科林立，甚至於進一步細分科到以器官系統為分野的境界，很難想像各專科草創時的模樣。筆者當外科住院醫師時，碰到急診來的外科病人，如果是有頭有臉的人物，通常會指定那位大醫師開刀，當然也輪不到住院醫師操刀。否則我們會按照疾病嚴重程度，由不同層級的住院醫師執刀，住院醫師沒有選擇的權利，常常從頭開到腳、從肚子開到腦袋。這樣全方位、幾乎涵蓋各專科的手術，就是當年的外科生態。各位不難想像，為什麼美國的葛羅斯和台灣的洪文宗醫師，可以從心臟外科做到小兒外科兩類領域。

很有趣的是，時至今日，成人的手術數量大，足以促成許多專科的蓬勃發展，沒有成人專科會從頭到腳都包辦。小兒外科成為獨樹一幟的科別，原因在兒童很多特殊的外科疾病，出現的頻率不高，不像成人，單一個器官系統就足以養一個專科。所以，除了骨頭，心臟或腦脊髓，以及眼、耳鼻喉、唇顎裂等，已經有其他專科承接，其他表面看得到或看不到的外科問題，幾乎都由小兒外科概括承受。我們看到的疾病種類之多，局外人很難想像，稱之醫界的萬花筒，一點也不為過！

小兒外科醫師的養成，想當然爾非常不容易。從巴掌大一點的早產兒，到身形魁偉的年輕人，都有可能成為需要我們治療的病人。其次，前段提起疾病的複雜性，單從後面一章提到的頭頸部外科問題，就足以露出端倪。

古人云「沒有三兩三，怎敢上梁山」。梁山在山東，《水滸傳》小說記載宋朝眾多好漢因受到官府逼迫，鋌而走險，上梁山聚眾起義造反。造反有可能隨時會丟掉性命，當然須要「三兩三」，也就是說要有足夠的「膽子」才可以。現代外科醫師，也須要「三兩三」，才能選擇小兒外科這一行。並不是小兒外科會讓醫師丟掉性命或短命，而是承受的風險，遠遠超過很多其他成人專科。所以，這醫界的萬花筒看到的，固然是千變萬化、形形色色的疾病，也可能因一時判斷不好、處理不當，變成荊棘遍佈的外科叢林！筆者後面章節會提到小兒外科醫師應如何披荊斬棘，以啟山林。

第二章——兒童必須貌相，頭頸問題難斗量

「人不可貌相」?

明朝吳承恩撰寫的《西遊記》,在第六十二回記載唐三藏師徒來到祭賽國,國王看到大唐高僧玄奘豐采,再看一下玄奘指著會捉妖怪的高徒孫悟空,沒想到竟是那般猴崽子長相,大驚道:「聖僧如此豐姿,高徒怎麼這等像貌?」大聖(悟空)聽了,非常不爽,厲聲道:「陛下,人不可貌相,海水不可斗量。若愛豐姿者,如何捉得妖賊也?」讀過《西遊記》的人都知道吳承恩藉由種種妖魔鬼怪,考驗唐三藏能否克服心魔,專心致志、取得佛經,並且透析佛陀旨意。吳承恩在《西遊記》中,藉由大聖的口吻道出「人不可貌相,海水不可斗量」想讓從未領教過孫大聖武功的國王,知道會捉妖怪的人,不必是孔武有力的壯士,也藉機奉勸國王不要被外表所蒙騙。後來變成大家都愛用的成語,意思非常簡單,就是告訴我們不能以貌取人,也不能被一個人的外表遮蔽其內涵或企圖心。

很多人都知道會算命的人，可以從相貌看出一個人的命理。這樣的本事，也許有幾分先天的資質，加上後天的環境培養才足以成事，不是每一個人都學得來。

「人不可貌相」嗎？生下來頭頸部有問題的小孩怎麼辦？根據筆者行醫多年的經驗，身為一位小兒外科醫生，一定要會替小孩貌相。看小孩相貌，特別是頭頸部的相貌，當然不是為了算命，因為，除了傳說真的有醫生會算命，多數小兒外科醫生，既沒有這方面的本領，也沒有這方面的養成訓練。我們也當然沒有必要以貌取人，真正的目的在正確診斷疾病，並給予適時、適切的治療。我就以兩個病人當開場白，大家就可以豁然開

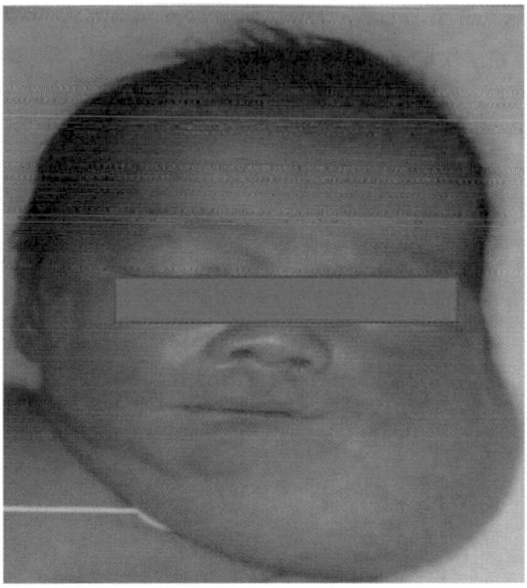

▲ 圖 2.1 這位新生兒左臉頰長的是淋巴管瘤，早晚須要手術切除。

朗了。

第一位小朋友是剛出生的新生兒，左側腮幫，也就是腮腺部位明顯腫大，有點嚇人（圖2.1）。外表是正常的皮膚，皮下是非常軟的腫瘤，透過嬰兒細嫩的皮膚顯出淡青色，這是典型的淋巴管瘤。顧名思義，就是身體淋巴管不正常的生長形成腫瘤。

因為淋巴管是僅次於血管，幫忙身體各部位輸送液體的系統，所以淋巴管瘤可以長在身體的許多地方，包括肚子裡面。長在臉頰部位的比例，還好不算很高，因為淋巴管瘤雖然是良性腫瘤，也不太會長得很快或很大，但是長在臉頰，不僅不好看，也不會自己消失，而且有時會突然出血或發炎感染漲紅、腫大，超出平常大小很多。後者突發狀況，常會讓家長驚慌失措。淋巴管瘤早晚須要手術治療。這位小朋友的腫瘤長在臉龐腮腺部位，下面有控制臉孔動作的臉部神經，手術時絕對不能傷到，若不巧傷到，有可能自此同側眼睛無法閉上或嘴角歪一邊！臉部神經從耳朵下的主幹出來後，分枝多，有的細如髮絲，夾雜在一樣是白色絲狀的淋巴管中間，可想而知切除的難度有多高！讀者很多不是醫生，就不必講開刀的細節，但是，為了做好這樣的手術，壓力大到筆者自己的腦神經不知道死了多少條！

和淋巴管瘤長得很像，但是命運可能不一樣的是血管瘤，也就是血管不正常生長形成腫瘤。血管瘤比淋巴管瘤更常見，其種類及疾病發展的變數更大，需要非常有經驗的醫師，配合適當的檢查，給予正確的診斷。正確診斷非常重要，因為需不需要治療，或採取什麼方式治療，因血管瘤的特性及所在部位，差異非常地大，其複雜性足以寫成厚厚的一本教科書。在嬰兒階段，我們最常看到的血管瘤在出生時候很小，或只是表皮出現紅斑，但是幾個月內快速長大，就像圖2.2所示。這種會快速長大的血管瘤，雖然和前面一位小朋友一樣地嚇人，但是，除非長在眼睛上面會遮住眼睛，影響視力，或長在特定關鍵部位，產生特別的症狀，需要積極處理，包括使用特殊藥物或手術。像圖中所示的例子，一般不須積

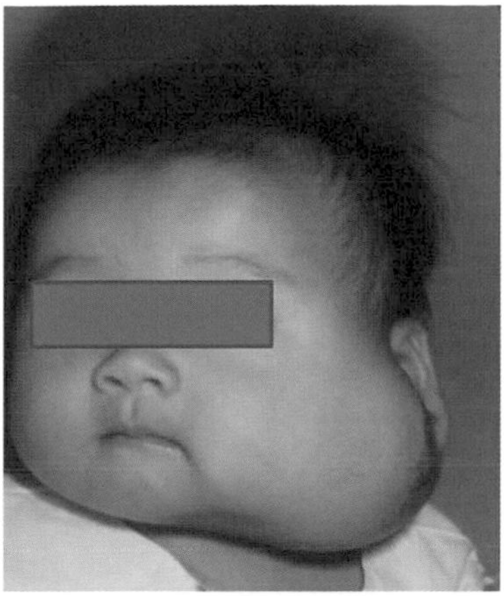

▲ 圖 2.2 圖所示女嬰三個月大時，左臉頰血管瘤異常腫大，也很嚇人，父母聽從筆者意見，未給予積極治療。

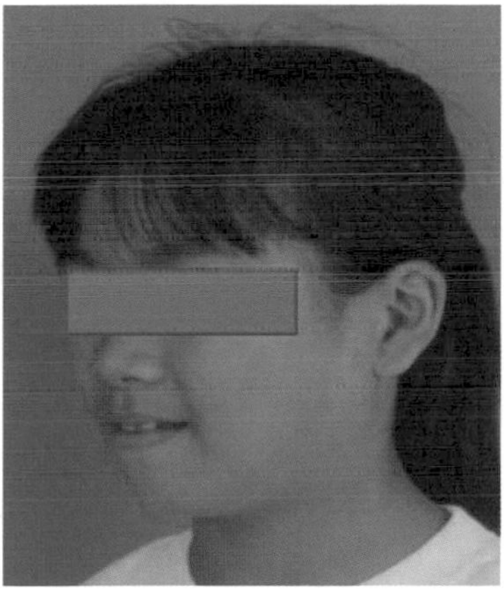

▲ 圖 2.3 在耐心等待八年後，（圖 2.2）所顯示的血管瘤完全消退，臉頰恢復原來應有的樣貌。

極治療，只要有耐心經過幾年後，慢慢地腫瘤會自行萎縮消退，恢復原來應有的臉頰樣貌。

面對快速長大的腫瘤，筆者敢於採取不積極治療，當然有相當的學理基礎及經驗當靠山，但是，也要感謝這位小朋友的父母，願意聽從我的意見，忍心看血管瘤長到非常大，再耐心地守候它逐年變小，直到八歲，完全消退後，還同意筆者再照一張像，當作教學使用。（圖2.3）

這兩個對比強烈的腫瘤，也是筆者拿來教導我們年輕醫師，必須學會給小孩子貌相的範例。雖然現代的診斷工具非常發達，也不可能事事都依賴它們。學貌相如學功夫，除了要能仔細端詳腫瘤和各種疾病的樣貌之外，自己也要有足夠的學識底子，足以掌握不同腫瘤或疾病不同的發展方向，如此，才能胸有成竹，不至於被家屬的問題考倒，自亂陣腳。

小孩子頭頸部會碰到的狀況，雖然不至於多不勝數，但也足夠小兒外科醫生終身學習，才足以精通。本章就聚焦在須要我們處理的幾個頭頸部問題，我們舉的例子，即使是醫界門外漢，這些病例的外觀表現及背後的意涵，也應有足夠吸引力，讓各位願意跟著筆者筆觸一路看下去。

凡走過必留下痕跡

凡走過必留下痕跡，不是只有發生在出生後的人類或其他動物，也可以從兒童頭頸部看到胎兒時期留下的足跡。這足跡理應出生前就要消失，卻沒有退化得很完全，留下來讓我們能見識胚胎發育所經歷的軌跡。

人貴為高等生物，理應出生不凡。但是，像鰓裂瘻管、鰓裂竇或囊腫的出現，讓我們知道人類胎兒發生的早期，曾經和低等生物的魚一樣有鰓裂，後來這些構造變成一般人頭頸部的器官，完全看不出演化的遺跡。但是，發生在一些小朋友頸子的異常構造，我們統稱鰓裂遺跡（branchial cleft remnants），它和我們在胎兒的早期頸部有四對鰓裂相關。其中以第二對鰓裂竇、瘻管或鰓裂囊腫最常見。竇或瘻管名字的分別在異常構造出口是一個或兩個而定，通常適用於管狀構造，如果出口只有一個時稱之竇，如果兩端都有出口稱為瘻管。因為這些異常構造只有在體表的出口才看得到，另一端在體內，除非做特殊檢查去驗證，一般無從知道另一端是否有開口，所以我們只能籠統稱之鰓裂竇或鰓裂瘻管。囊腫則是含液體或含類似皮脂的囊袋構造，突出在體表，像半球形物體，它是體表這一端沒有出口所形成的結構。

圖 2.4 所示這位大約兩個多月的兒童，出生後在右側頸的中間部位，出現一個小凹槽（小洞口），不時流出黏液，或像膿一樣的液體。像筆者這樣有經驗的醫師，從它的位置和病史，一眼就可以斷定是第二對鰓裂竇或鰓裂瘻管。

就像筆者前面所說，人的頸部有四對鰓

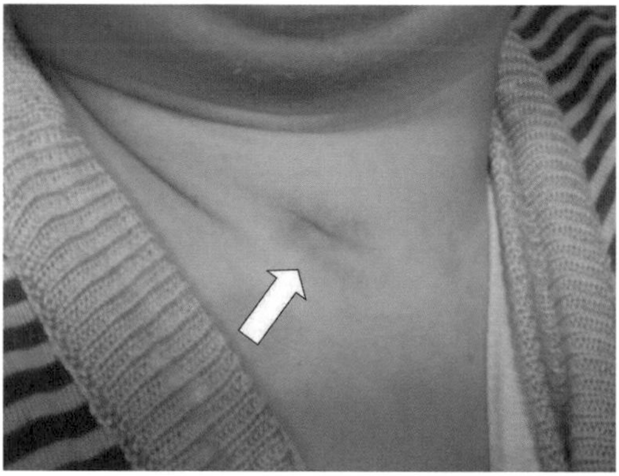

▲ 圖 2.4 這位嬰兒頸子右側箭頭所指處，就是第二對鰓裂竇或瘻管的出口。

裂，都有可能退化不全，形成鰓裂竇、瘻管或囊腫。其中以這位小朋友顯示的第二對鰓裂竇或鰓裂瘻管最常見。「人不可貌相」倒是非常適用在各位看到的、這位小朋友的表象！因為外觀雖然只是一個小凹槽（小洞口），它卻有非常長的管子，直直通到同側喉嚨部位的扁桃腺窩，路途至少有四、五公分遠。為了拿乾淨又不讓單一傷口開得太大不好看，常常會用爬梯子的概念，切兩個小傷口，一個在原來小洞口的地方，另一個在下顎接近扁桃腺窩的位置，以接力方式將整條管子拿掉。取出的鰓裂瘻管因為很長，常常使得看到的家屬驚訝不已。

當然第一、三、四對鰓裂竇、瘻管或囊腫也會碰到，尤其化身在左胸前的第四對鰓裂竇，常常被忽視，導致感染、膿瘍形成。重要的是，一旦發炎，常常一犯再犯，直到完全切除才能罷休。第一對鰓裂竇的出口常在下顎，另一端止於外耳道，中間會從臉部神經下方穿過，手術切除也要格外小心。第三對鰓裂竇、瘻管或囊腫的體表出口，常在甲狀腺的位置，會增加診斷上的難度，因為常常用發炎來表現，會和中狀腺炎混淆。第三對鰓裂竇、瘻管通往下咽喉的梨狀窩（pyriform sinus）。在沒有發炎的狀況下，結構清楚完整時，對有經驗的小兒外科醫師，切除並不難。問題就如前述，一旦發炎，和甲狀腺炎混淆不清，處理上就非常棘手。

這裡要講一個刻骨銘心的故事。主角是一名清秀的女中學生，在媽媽陪同下到我的門診就醫，領子掀開後，立即看到左側頸子的疤痕，剛好在甲狀腺的部位。這位大朋友已經為了甲狀腺部位發炎，在其他醫院做過兩次手術，之後還長期服用抗生素，但是發炎引起的紅腫熱痛，反覆發作，沒有斷過。頸部影像檢查能提供的訊息有限，經驗告訴我這應該是第三對鰓裂竇或瘻管引起的。因為距離前次手術有一段時間，自以為管道應該找得到，就大膽開進去。沒想到先前手術加上發炎引起的組織反應，模糊了正常的解剖學構造。儘管做了清創手術，將所有懷疑組織切除，並放了引流管。幾天後，傷口幾乎都乾爽了，才把引流管拔掉，心存一念希望她就此好起來。

沒想到幾天後，大朋友又愁眉苦臉地找上門，紅腫熱痛再度發作。身為主治醫師的筆者也陪著愁眉苦臉，但不能就此束手不管，只好向孩子的媽媽提出三十六計中找不到的最後一個笨招數，就是在左側頸部原來傷口的出口，放上一隻比較硬、圓形的引流管，直通到接近另一端出口，也就是靠近梨狀窩的地方，並將它固定好。中間經過發炎、界限模糊的組織。這樣做的目的，一方面是引流發炎的膿液，另一方面經過兩、三個月後，原有的鰓裂竇或瘻管組織，和再長出來的疤痕組織，會靠攏並圍繞在引流管的周圍。如此，在下次手術時，就比較可能一網打盡，根除所有鰓裂竇或瘻管組織，不會再發。

試想一根硬的管子放在脖子兩、三個月，是何等折磨！除了不舒服，也非常礙眼，何況是放在一位青春期愛美年紀的女生身上。有沒有效又是另外一回事，筆者也不敢打包票！我忘記當時怎麼和這位病人以及她的母親提出這點子，也忘記她們的反應。可以想像她們在萬般無奈下做出幾乎是妥協一樣的決定，當然，這笨招數也於三個月後，再度手術切除圍繞在引流管周圍組織，直達梨狀窩，並順利拔掉引流管後，才終於證實奏效，一舉解決纏身她們多年的困擾！

凡走過必留下痕跡，只是有的痕跡，竟然帶來如此折磨人的痛苦，真是造化弄人！據說，這年輕人後來考上醫學系，當上醫師。筆者無從知道她何時做出這決定，但是可以猜想她將會是一位謹守「切膚之痛」，設身處地為病人解決疑難雜症的醫生。

女生也有喉結嗎？

胚胎時期留下的足跡，成為小兒外科醫生治療的對象。前面一節已經講了一部分，這裡再介紹另一常見的問題。

讀者大多知道青春發育期的男生會長喉結，也就是頸子中間，在咽喉部位正前方的軟骨突起，英文美名為 adam's apple，中文翻譯成亞當的蘋果，當然是男性的性徵之一。不過，這個位置不是只有喉結獨占，在青春期前後的小朋友也會冒出像喉結一樣鼓起的東西。不明就裡的父母，常會誤以為他們的孩子長喉結，尤其是發生在女生時，更令人丈二金剛摸不著頭腦！

圖 2.5 所顯示的，就是一位學齡前的小朋友，在頸子中間、靠近下巴的地方，幾個月前開始長出一個像喉結的東西，這結節的大小約兩公分左右，幾個月下來似乎沒有多大改變。觸摸起來質地有點

像充滿液體的氣球一般，硬中帶一點彈性。從小朋友的年紀、位置、結節大小及病程發展，有三種腫瘤或異常結構要列入考量，按照發生的頻率，分別是：甲狀腺舌管囊腫（thyroglossal duct cyst），上皮囊腫和異位性甲狀腺。偶爾也有淋巴腺出現在這個位置。

本書不是教科書，一般人也不須要清楚知道小兒外科這一行的人搞什麼，所以不一一介紹上面提到的疾病。不過，異位性甲狀腺值得先提，雖然它可以長在很多地方，但是，在頸子正中間冒出來，又是圓圓的外觀和甲狀腺舌管囊腫非常相似。圖 2.6 及圖 2.7 所顯示的，就是一個例子。一定要在術前安排

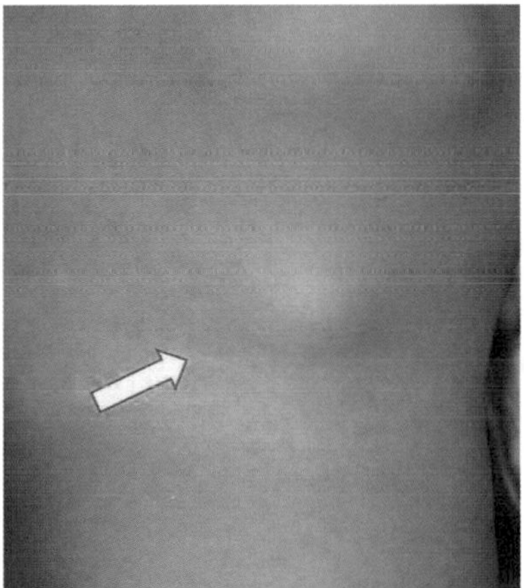

▲ 圖 2.5 這位兒童頸子中間箭頭所指處，就是甲狀腺舌管囊腫。

核子醫學或超音波檢查，確認在甲狀腺的地方，有正常的甲狀腺才可以。因為分別兩種疾病非常重要，不能冒然開刀拿掉異位性甲狀腺，因為它可能是病人唯一的甲狀腺。

甲狀腺舌管囊腫的中文名稱，網路上可查到的就有好幾個，所以特別標上英文名字。顧名思義，這像喉結一般突起的囊腫和甲狀腺有關係，也和舌頭相關。但是，一般人甲狀腺和舌頭相距甚遠，為什麼會有囊腫把兩個器官扯在一起？

甲狀腺在胎兒早期，其實是長在舌頭根部。胚胎發育的過程，彷彿乾坤大挪移，甲狀腺會移行到頸子下方的位置。一般人彷彿船過水無痕，根本不會想到為自己的甲狀腺尋根！像圖2.5這位小朋友出現的甲狀腺舌管囊腫，也算是「凡走過必留下痕跡」的代表。因為我們從皮膚表面看得到的囊腫，追究起來是甲狀腺移行過程中留下來的，其管狀遺跡末端因蓄積甲狀腺黏膜分泌的液體，慢慢長成我們看得到的模樣。管子的另外一端，就在舌根。它會經過舌骨。舌骨不是舌頭長出來的骨頭，是喉嚨部位甲狀軟骨前面，獨立出來的一塊骨頭，它不與喉嚨部位的其他任何軟骨、硬骨連接，但是下顎及頸部一些韌帶及肌肉會懸掛在上面，有固定作用。因為在舌頭下方，才命名為舌骨。

甲狀腺舌管囊腫須要切除，不只是因為長在脖子中間不好看，也不時會發炎，甚至於破皮而出，不斷地流出黏液。當然，很多異常結構放久了，難免生變，偶爾也會長出惡性

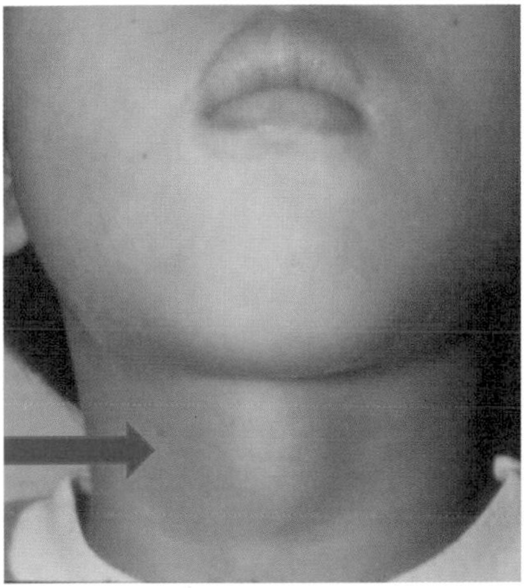

◀ 圖 2.6 圖中顯示這位大朋友頸子中間藍色箭頭所指處，有一個腫瘤，疑似甲狀腺舌管囊腫。

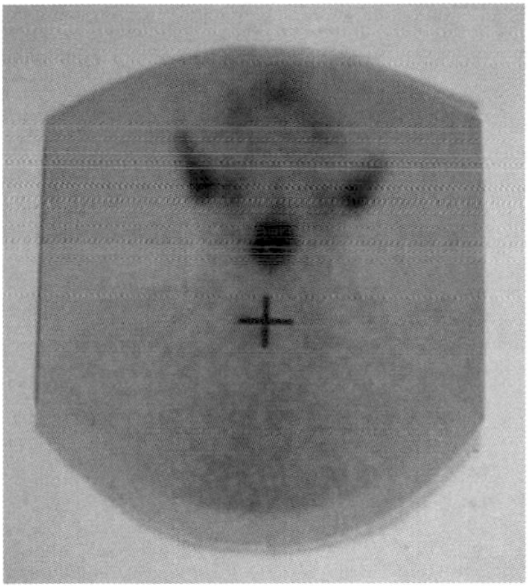

◀ 圖 2.7 核子醫學檢查結果，發現頸子中間那一顆是異位性甲狀腺（標示十字處），在它下方應該有正常甲狀腺的位置沒有顯影，表示照片上這一顆是這位病人唯一的甲狀腺。至於上方兩撇顯影是腮腺。

的東西。

很有意思的是，若要完全切除甲狀腺舌管囊腫，舌骨中段也要一併切斷拿掉，因為和甲狀腺舌管囊腫路過的組織難分開，簡直是焦不離孟。若沒有這樣做，就很可能囊腫復發。孩子的父母一聽到要切喉嚨前面的那塊骨頭，馬上聯想到孩子會不會因此失聲！這位在喉嚨外面的舌骨，當然和發音沒有多大關係，但是醫師務必說明清楚，家長才能了解、接受。

青春期的男生長喉結時，開始變聲，這是造物主的傑作。割除甲狀腺舌管囊腫時，父母擔心小孩子會不會失聲，這要怪造物主失手，沒有一次就把人造好，多出這手術令人擔驚受怕！

我不是故意斜眼或歪著頭看人

斜眼或歪著頭看人，常被認為是不禮貌的行為。除了斜視或某些骨骼、神經系統發展過程出錯，會造成斜眼或歪著頭看人，也有源自頸子的問題會導致這樣的表現。這裡講的是斜頸，特別是胸鎖乳突肌纖維化造成的斜頸，常常須要小兒外科醫師介入治療。

斜頸俗稱歪脖子，也就是頭傾向一側。除了前述斜視或少見的頸椎異常造成，更常見的情況是姿勢不良及胸鎖乳突肌纖維化引起的斜頸。姿勢不良所造成的姿勢性斜頸，不是孩子自己姿勢不良的問題所引起。追究起來，反而要怪父母不了解嬰兒，在他們還小還沒有能力頂著相對大又重的頭時，理應順從自然，大多數時間讓他們躺在床上，等時候到了，通常是五、六個月大過後，小孩子想坐想爬，這時抱著或舉著小孩，小孩才有能力頂著自己的頭。

但是現代的父母，甚至於祖父母，心疼寶貝的動作就是小孩生下來以後成天抱著或舉著，膩在一起，也沒有給孩子的頭支撐。在六個月大之前，這樣的動作，讓頸部肌肉無力頂住頭，嬰兒只好倒向一邊。這種情況，經過我們詳加解說，多數父母一聽就懂，也好解決。

胸鎖乳突肌纖維化造成的斜頸問題，就需要大費口舌說明了。胸鎖乳突肌是從正面看一個人，在他頸子兩側可見的最大塊肌肉，這肌肉源於胸骨及鎖骨，然後有點斜斜地往上連結到同側耳朵後面顳骨的突出部位，稱為乳突的地方，故得名。

胸鎖乳突肌是極少數在胎兒時，有可能因胎位不正，或其他不明原因，導致單側肌肉受損。因此在出生後，該側胸鎖乳突肌纖維化，也就是俗稱結疤所引起。這類孩子的媽媽有相當高的比例胎位不正和臀位生產，但不是每一個都如此。有些父母還誤以為是生產過程中，婦產科醫師用力不當，把嬰兒的脖子拉傷所致。當然，這些誤會都是子虛烏有。

就像感冒這樣的小問題，可輕可重，因人而異。胸鎖乳突肌纖維化造成的斜頸問題，也可大可小，和肌肉傷害的程度相關。最讓父母吃驚的是，孩子生後不久，居然在單側頸子出現一個硬梆梆的腫瘤，就像圖 2.8 這位小朋友所顯示的。

不是每一個有這疾病的兒童，都會以這麼大的腫瘤來表現。有的很小，以至於父母沒有注意到曾經有腫瘤這階段。腫瘤一般出現在出生後一兩星期左右，腫瘤大小似乎和肌肉損傷的程度有關係，也就是和整塊肌肉中，有多少將來會變成纖維而非正常的肌肉相關。所以復健科醫師常利用超音波測量腫瘤的大小，藉以預測應用復健可以讓病人恢復的程度。當然超音波也有醫療的功用，在此就不多表。一般而言，腫瘤超過兩公分，甚至於像圖2.8這般大小的，多表示該側肌肉很多已經被纖維組織取代，復健成效就要大打折扣了。

既然是肌肉損傷引起纖維化，為什麼過程會出現「腫瘤」？「腫瘤」裡面是什麼？這其實和一般人肌肉或軟組織受傷後會腫脹的原理有點像，病理變化也略略相似。但沒有紅腫甚至於青紫色的外觀，也沒有厲害的出血或發炎細胞浸潤，「腫瘤」切面看起來還有點蒼白，但不是水腫，病理切片上看到肌肉被很多纖維

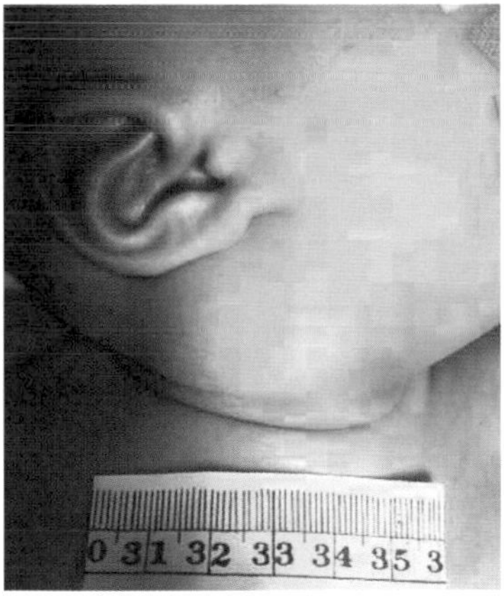

◀ 圖 2.8 這位幼兒頸子右側有一顆超過三公分的腫瘤，佔據右側胸鎖乳突肌，這就是纖維化的胸鎖乳突肌早期表現。

細胞取代，配上濃厚的白色結締組織，很像一般良性或惡性纖維腫瘤。這可以解釋它為什麼會這麼硬。但是，它畢竟不是真的腫瘤，會在幾星期，最慢幾個月內自然地消下去。這樣的變化，即令身為醫師的我們，也覺得不可思議，遑論一般民眾。後面一章會提到胎兒手術，和它伴隨發生的無疤痕癒合，更見證我們所知道的胎兒身體結構和對傷害的反應，迥異於出生後的世界。

言歸正傳，「腫瘤」既然消了，如果孩子的正常肌肉含量很高，這塊胸鎖乳突肌的外觀和觸摸的感覺，和一般人就沒有很大分別。通常這樣小朋友的復健效果很好，也毋庸偏勞小兒外科醫師

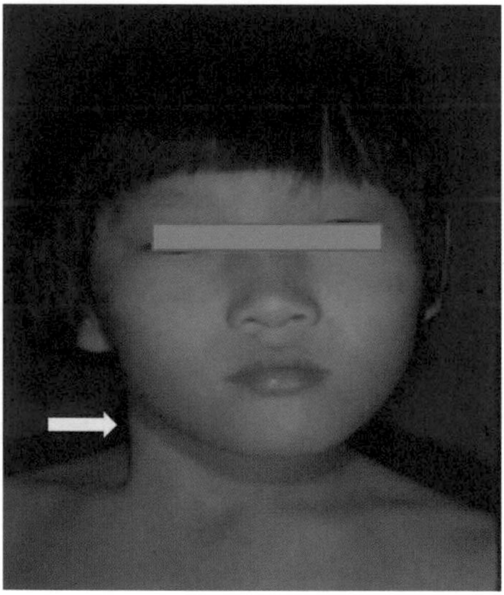

◀ 圖 2.9 這位大朋友的頭臉部很多特徵，是典型的胸鎖乳突肌高度纖維化造成的後果，白色箭頭指著像繩索一般又硬又細的右側胸鎖乳突肌。

動刀了。

相反地，就像前面圖示的小朋友，他的胸鎖乳突肌已經多數被纖維細胞及結締組織所取代，「腫瘤」消了以後，多半會變成一條纖細像繩索一般的組織，質地也很硬，外觀如同圖 2.9 這位大朋友所示。

這位小學年紀的大朋友，從小就被長輩發現頭傾向右側，下巴朝向左邊，頸子不能完全轉到右側。臉孔越來越不對稱，右邊顯著地變小，這也會影響到眼睛。我們在圖 2.9 除了一如先前的照片，故意遮住病人的眼睛，以保護她的隱私外，也故意將遮眼的框框縮小一點，這樣，讀者可以隱約看出她兩眼非常明顯的向右邊傾斜。因為從小就固定看向一側，像這位大朋友是朝向左邊，所以她的右側頭後枕部是扁平的。若從上面看，整個頭形狀是菱形的。

上面舉的兩個例子都是對比非常鮮明，也比較好了解胸鎖乳突肌高度纖維化在不同年齡層，所產生的兩個迴異於一般兒童的外觀。他們也都是需要手術治療的對象，目的除了改善他們頸部轉動不受限制，更希望臉孔外觀能恢復對稱。胸鎖乳突肌纖維化造成的斜頸，影響頭臉發育的程度因人而異，差別非常大。很多兒童只須要復健治療就好，有的要手術治療。後者介入的時間，也一樣因人而異，家長有必要多徵詢復健科及小兒外科醫師的意見後下決定。

斜眼或歪著頭看人，對很多兒童是身不由己的行為。一塊頸部肌肉的纖維化，可以牽動如此多的表徵，以及至今未明的「腫瘤」階段，實在難說不是造化弄人了！

結節大小很重要，生長的地方也不容小覷

曾經獨霸地球千萬年的恐龍，如果不是那麼巨大，一定吸引不了多少人的興趣！大小很重要，這是每一個人都知道的道理。長在身上的任何器官或組織，都有一定的大小，超出可容忍的限度，都是不好的現象。

在兒童的頭頸部，存在淋巴腺或稱淋巴結組織，因為接近體表，一旦變大就很顯眼，也非常容易引起家長的注意。在小兒外科醫師門診就醫的小朋友裡面，因淋巴腺腫大來看診的比例相當高。按照解剖學的構造來分區塊，是醫學上最常見的做法，我們不打算搬出教科書，讓讀者生吞生硬的內容。一般的原則是，長在頸子側面或後面的結節，除非超過兩公分或合併其他症狀，絕大多數是反應性增生。反應性增生的意思是淋巴腺因為口腔、鼻孔或喉嚨有病毒或其他外物入侵體內，或打完疫苗之後，身

體築起的防禦工事。為了辨識並擋住這些性質不明的外來物，不讓它們長驅直入體內，淋巴腺會增加很多細胞，當然就變大了。

既然感冒、打預防針是一時的事件，淋巴腺的反應性增生一般不會持久，通常一段時間後，會逐漸變小。這段時間也許幾個禮拜或者幾個月，因人而異。等下一次同樣事情發生時，又再度長大。如此，週而復始，一般到青春期以後，這惱人的淋巴腺就小到外觀多看不到了。

淋巴腺腫大，可以單個發生，也可以多個集結在一起，形成一串。數目不一定是問題，單一顆大小才是值得注意的焦點！為什麼是兩公分？這應該是筆者還年輕的時候，看過一篇登在小兒科知名醫學雜誌的文章，提到兒童頸子淋巴腺腫大，在兩公分以內的，絕大多數是反應性增生，只要和家長提醒注意它大小變化。一般人不會用尺幫孩子量結節的大小，不過，多數成人的拇指寬度大約兩公分，所以我會教家長用自己拇指的寬度和淋巴腺比一比，就知道是否應該帶來小兒外科醫師門診追蹤。

也許有醫師會教家長定期來追蹤，但是，多數家長有自己的工作要忙，而淋巴腺的反應性增生又是非常常見的問題，為了它常跑醫療院所，也不是辦法。兩公分做為看診追蹤的分水嶺，筆者從住院醫師奉行至今超過四十年，還真可靠！

大於兩公分的結節，無論在頸子的那一部位都必須重視。雖然像反應性增生的良性情況依然會有，但是不常見的發炎、甚至於長腫瘤的可能性已經增加，尤其是較大年齡層的兒童，不容輕視。小兒外科醫師碰到這狀況，通常會安排一些檢驗或檢查，真不放心時，就會動手術切下做病理化驗。

結節生長的地方不容小覷，我舉一個特別的淋巴腺炎當成例子。很多人，包括一些小兒科醫師，因為少見這樣的病例而誤判。圖 2.10 及圖 2.11 的兩位小朋友都患同樣的病，也都在右側下頜下方，有肉芽腫性發炎，並形成慢性引流開口，圖 2.10 那位比較小的孩子，肉芽腫比較小也只有一個小開口。圖 2.11 那位比較大的孩子，有三個相連的肉芽腫和兩個開口，其中一個開口冒出像爛肉一般的肉芽組織。

雖然兩位小朋友的外觀有明顯差別，但都不像一般急性發炎紅腫熱痛一起發生，只微微觸痛，但是充滿肉芽的開口從開啟以後，就一直不曾收口。一般小兒科醫師看到發炎，多會先給予抗生素吃幾天，不見效果後，接下來會做皮膚結核菌素試驗（**Tuberculin test, PPD test**）。後者會有中度反應，儘管胸部 **X**- 光檢查是陰性，很多小兒科醫師會開抗結核菌的藥給小朋友服用。常常吃了兩、三個月都不見好轉，才想到求助小兒外科醫師。

下頜是頜下腺所在的地方，也不曉得什麼原因，有一種特殊的菌類，名稱就叫做非典

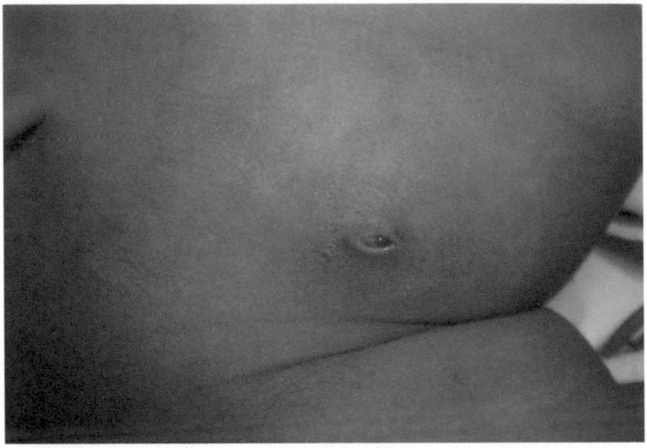

▲ 圖 2.10 小朋友在右側下頜下方，有肉芽腫性發炎，開口只有一個。

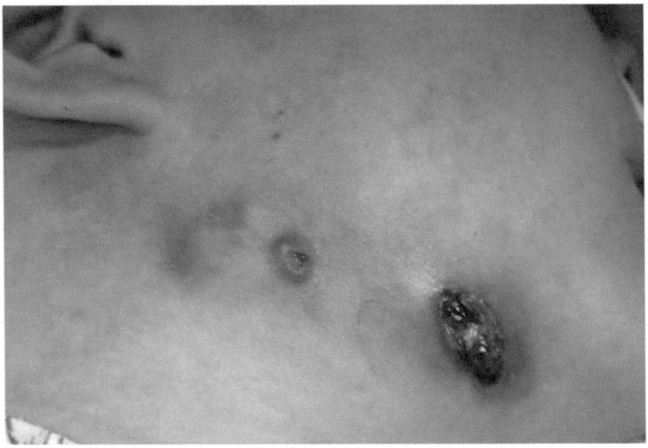

▲ 圖 2.11 這位大朋友在右側下頜下方，也有肉芽腫性發炎，外觀和前一例有明顯差別，但都是非典型分枝桿菌淋巴腺炎。

型分枝桿菌，它就偏好入侵頷下腺的淋巴結。這細菌和造成人類結核病的結核桿菌，同樣屬於分枝桿菌這一族群。非典型分枝桿菌有三種，其中以鳥型分枝桿菌最常見。後者顧名思義它就是禽類造成，因為少數從聚合酶連鎖反應或其他方式檢驗到的菌株，和禽類分枝桿菌同型。但是，向病人家屬問診時，常常查不到曾接觸家禽或鴿子的病史。

雖然和引起人類結核病的結核桿菌是近親，但是，非典型分枝桿菌的習性非常怪異：首先，抗人類結核菌的藥對它完全無效；其次，它不會傳染給別人；第三，它偏好頷下腺裡的淋巴結，還長駐那裡，直到手術移除它棲息的窩為止！我們懷疑它從口咽部進入人體，但它偏好入侵學會走路到青少年年紀的孩子，就像圖 2.10 及圖 2.11 中所示的兩位，前面那位比較小的孩子，才剛學會走路，大約一歲半，後面則已經上小學。

儘管它不會傳染給別人，我們碰到過兩兄弟在不同時間，一前一後在下頷發生非典型分枝桿菌淋巴腺炎的情況。先來看病的兄弟，因初次接觸的小兒科醫師經驗不足，吃了三個月抗結核菌的藥，不見成效後才到筆者手上，開刀拿掉整塊肉芽腫組織，包括頷下腺及淋巴結，方解決他和長輩的困擾。隔一段時間以後，另一位兄弟出現同樣的病徵，這回大家都學乖了，直接就找上筆者手術解決。儘管開刀不難，仍要很小心臉部神經在下頷的分枝，避免傷害。

不是所有發炎的淋巴腺，都可以靠藥物解決。為什麼有這樣的細菌偏好某一特別的地方？而它築的窩竟然如此輕易就可以拿掉，也不再犯，這恐怕又是造物主令人猜不透的謎題！

「貌相」為看清楚疾病風貌，「斗量」攸關心態和風險

門面很重要，每個人出生以後都希望做一個有頭有臉的人物。有頭有臉當然不能有缺陷，否則父母面子掛不住。小兒外科這領域的醫生可能會感到遺憾的，應該是沒有及時掌握住唇腭裂這異常的修復手術。因為太顯眼了，唇腭裂比起身體任何其他異常的修復，更容易引起大眾的共鳴，包括募款成立基金會等，只要名醫登高一呼，很快水到渠成！在沒有全民健康保險的年代，非常重要。在拙作《過河卒子》一書中，曾經就這問題有深入的描述。相對於後面章節會提到的直肛異常及尿道下裂等可以藏在褲子底下的問題，兒童外顯的異常或疾病，比較容易博得大眾的同情，一起幫忙解決病人的醫療費用。當然，整形外科先進能從唇腭裂等疾病的治療，進一步發揚光大，成為外科界最耀眼的專科，不能不令人折服，並值得我們傾心學習。

唇腭裂或者前面提到的臉頰上的淋巴管瘤，都不是簡單的問題，都須要專業的知識和精湛的技術，方足以幫上忙，分階段或一舉解決病人的頭臉部缺憾。尤其臉頰上的淋巴管瘤，其困難度更高。小兒外科醫生也是人，不可能長期處理這樣高難度的病例，讓自己壓力破表。幸好這類病例少見，反而比較多的是，在門診或在手術室裡，很容易就解決的問題。

舌繫帶過緊就是這樣的例子。這問題的正式英文名稱為 **ankyloglossia**，習慣上稱呼 **tongue-tie**，中文翻譯「舌繫帶過緊」，允為恰當，也有人稱呼舌繫帶過短或舌黏粘，從圖 2.12 及圖 2.13 可以清楚看出。

舌繫帶過緊是很常見的問題。在早期，也就是二、三十年前，小孩子被帶來就醫，常常是家裡長輩特別是阿嬤發現孫子「臭乳呆」，也就是不會講話或者就是講出來的話「聽無」，懷疑是舌頭造成。這幾乎是先見之明的舉動，有時連我也很納悶，她們是怎麼聯想到舌繫帶過緊問題？

舌繫帶過緊在嬰兒時期會影響吸奶，在牙牙學語時期會影響構音，學講話時，注音符號中的「ㄉ」或「ㄊ」，或英語中的「d」，「t」，「z」，以及須要捲舌才能正確發音時，就無法清晰講出來。稍大時要舔冰淇淋、吹奏樂器甚至於接吻都做不好，也影響口腔衛生。

就如同前面所說，很多長輩都很「識相」，早早就帶孫子來看診。如果在一歲以內，

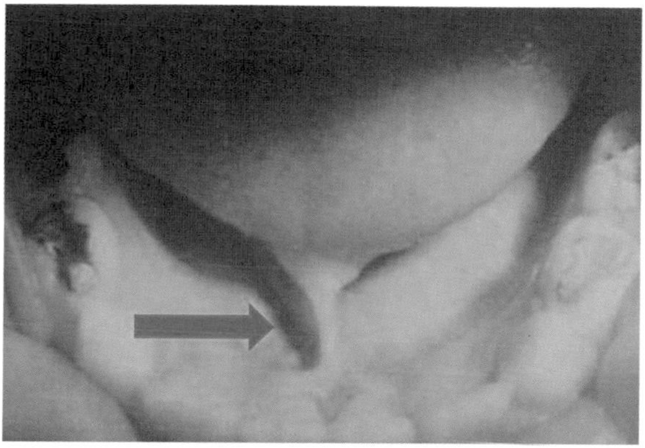

▲ 圖 2.12 箭頭指出小朋友的舌繫帶過短、過緊，讓舌頭黏住口腔底部。

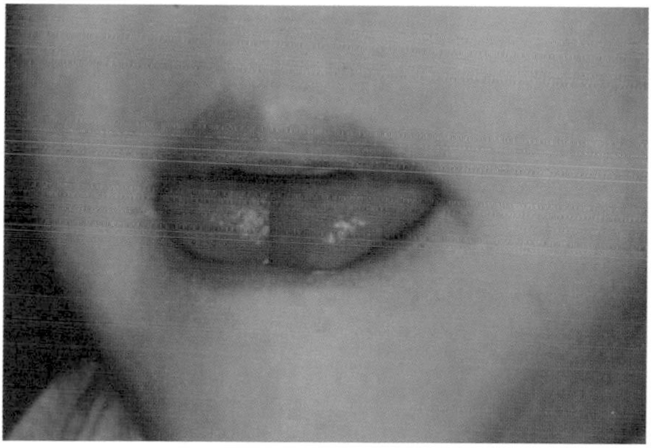

▲ 圖 2.13 小朋友就因舌繫帶過緊，舌頭伸出時被拉住，無法超過下嘴唇，而且中間有明顯的凹陷。

特別在三到六個月之間的小孩，一旦發現舌繫帶確實過緊，在門診就可以剪斷過緊的舌繫帶。多數舌繫帶不是很厚，血管少、神經少，不太痛也少出血，就算出血，紗布壓個兩、三分鐘就止住。超過一歲以上的孩子，牙齒長好多顆，也會害怕而咬緊牙關，一旦確診，就要到手術室，在全身麻醉下執行為宜。

雖然只是小小的手術或處置，就如同舉手之勞一般，多數小兒外科醫生也會仔細評估，確有須要才動手。

頭臉部還有另外一個很常見的問題，就是耳前竇，也有人稱呼耳前瘻管。竇和瘻管的定義，前面章節已經說過，就不贅述。典型的例子就如同圖 2.14 小朋友所示，在沒有發炎的狀態，外觀只是非常不起眼的小洞。一旦發炎就像圖 2.15 大朋友所示，紅腫熱痛一起來，若不及時處理，腫脹的膿包破皮而出，形成糜爛的傷口。

雖然耳前竇不是每一個人都有，但就發病的狀況和比例，耳前竇倒是有點像人的闌尾（俗稱盲腸）。每一個人都有闌尾，但是只有不到十分之一的人，一輩子會有機會碰到闌尾炎。有耳前竇的人，不見得都會發炎，有報告指出發炎機會也是十分之一，可能和結構的深淺有關。雖然耳前竇以單側居多，筆者也常碰到兩側都有耳前竇，卻常只有一側發炎的例子。通常左側發炎的情形比右側多，這和文獻報告非洲人右側發炎的比左側多一倍不

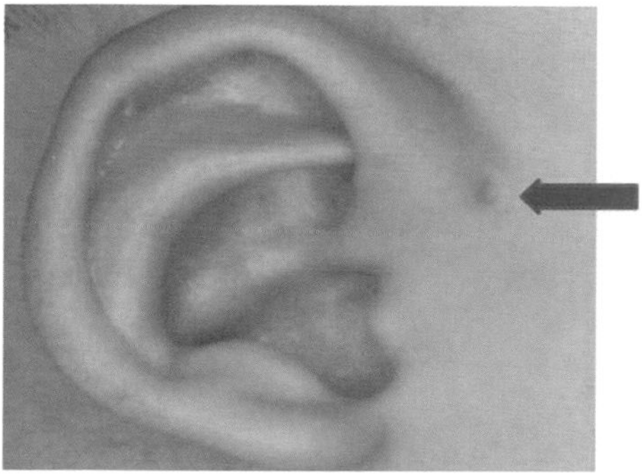

圖 2.14 箭頭指出小朋友的右耳前竇出口，在沒有發炎時的狀態。

圖 2.15 箭頭指出大朋友的左耳前竇出口，病人因發炎呈現明顯紅腫，還有膿排出蓋在皮膚上形成結痂。

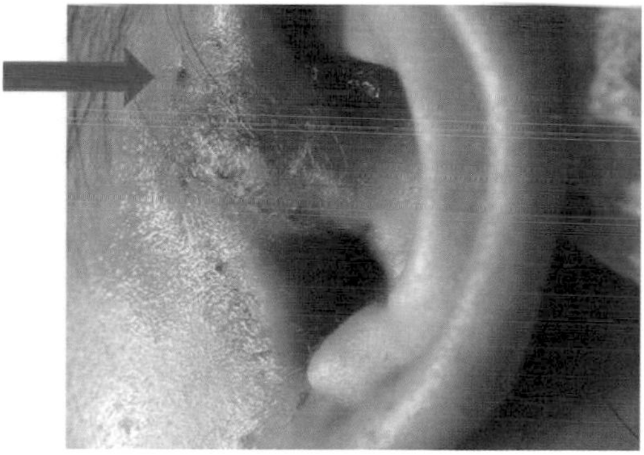

一樣。更有意思的是，有報導指臺灣每一百人中有一至兩位有耳前竇，是美國人的十倍，而非洲人又是臺灣人的兩倍。看來一個小小的疾病，也存在種族間這麼大的差別，連發炎容易發生在那一邊都不一樣。

若兩側都有耳前竇，雖然只有一側發炎，我們會和家長討論，是否沒有發炎的另一側耳前竇也一起開刀拿掉。通常家長多會同意，以避免另一側再犯。有趣的是，發炎那一邊的耳前竇比沒有發炎的另一側長，令人不免懷疑「口袋太深」容易藏污納垢，導致發炎。

很多年前，筆者碰到一位年輕的媽媽，帶她兩個多月大的孩子來看病，因為左側耳前竇發炎。她自己兩側都有耳前竇，卻都沒事，很難相信兒子這麼小，卻這麼倒楣發炎，還須要在這麼小的年紀挨刀，其不忍之心，充分展露。

兒童頭頸問題若論數量，沒有多到像海水般難以蠡測，但其涵蓋的疾病非常廣，從簡單如舌繫帶的問題，到複雜如臉頰上的淋巴管瘤，小兒外科醫生多要能應付裕如。「人不可貌相」肇因於會捉妖的大聖和被捉的妖怪，都是典型的、不能以貌取人的代表。但是，兒童必須貌相，才可以清楚疾病的風貌，診斷和治療才能進退有據。若加上醫療本身的不確定性和風險，更使兒童頭頸問題真的難以斗量！小兒外科醫生豈能不多費心？

第三章

食不下咽難度日，活著為了爭口氣

食不下咽乃天造，疏通之路仍崎嶇

任何年紀的人都可能發生「食不下咽」，包括剛出生的新生兒。新生兒發生的原因，通常和成人的不一樣，但兩者的都是指食物雖含在口中，但咽不下去。在成人，常常是因為有大事發生，使人憂心忡忡，自然地食不下咽了。據考察出處有幾個，包括明朝焦竑《玉堂叢語》提到：「且方出師而以招撫為計，有血氣者，宜痛心疾首而食不下咽也。」想到打仗會出人命，若無法招撫而硬幹，有血有氣的人，真要食不下咽了！有時「食不下咽」會和「寢不安席」連在一起講。後者表示心事重重，睡不好覺。

剛出生嬰兒的「食不下咽」，想當然爾，不會因任何外界發生的事有以致之。民以食為天，新生兒自呱呱墜地那一刻起就想吃。若食道因先天性問題卡住，嬰兒會非常努力地想把任何可以吞得下去的東西，包括奶水、甚至於自己的口水，奮力地往下推擠。若一再咽不下去，吸入性肺炎的悲劇就發生了。

筆者先舉圖 3.1 的例子讓大家明瞭。這是一例先天性食道閉鎖的新生兒，從出生那天開始，小朋友就像螃蟹般口吐泡泡，不僅口水直流，還不時嗆到，尤其嘗試餵水或母奶、牛奶時，嗆得更厲害。警覺性高的醫生，若在這個時候，從鼻孔置放鼻胃管，大約放進去九到十二公分時就會碰到阻力，照一張胸腹部 X- 光片，就可以發現空氣滯留在頸子下方胸腔入口處。像這位小朋友，若仔細看 X- 光片，還可以看到鼻胃管在像囊袋的末端打轉，當然無法下到胃裡。

如果一般 X- 光片還不敢確認，可以從鼻胃管打少量顯影劑，如同圖 3.2 所示，真相便進一

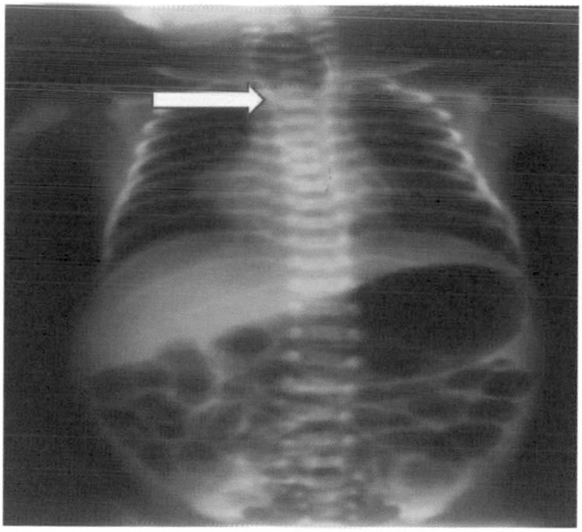

圖 3.1 剛出生的小朋友吞嚥困難，放置鼻胃管後，胸腹部 X- 光片顯示空氣滯留在頸子下方胸腔入口處像囊袋的結構。箭頭指出囊袋的底部有打轉的鼻胃管。X- 光片下半部的腹腔，顯示胃腸充滿空氣，表示從氣管另有瘻管通到胃和腸子。

步大白了。

從鼻胃管灌顯影劑是不得已的做法，如果一不小心顯影劑灌太多，就會溢出到氣管，造成吸入性肺炎。使用顯影劑，主要希望把食道閉鎖看得更清楚。另外，雖然機會不大，仍有極少數嬰兒有瘻管從食道盲端通往氣管，有了顯影劑才可以清楚顯示出來。後者在安排手術時不容遺漏，否則持續存在的瘻管會讓這小孩未來吃東西時，食物從這通路進入氣管和肺，會造成反覆發生肺炎。

使剛出生的嬰兒因食道閉鎖食不下咽，乃造物主無心之失。更不幸的是，有三到五成的嬰兒還有其他異常一併發生。後者包括先天性心臟病、十二指腸或肛門

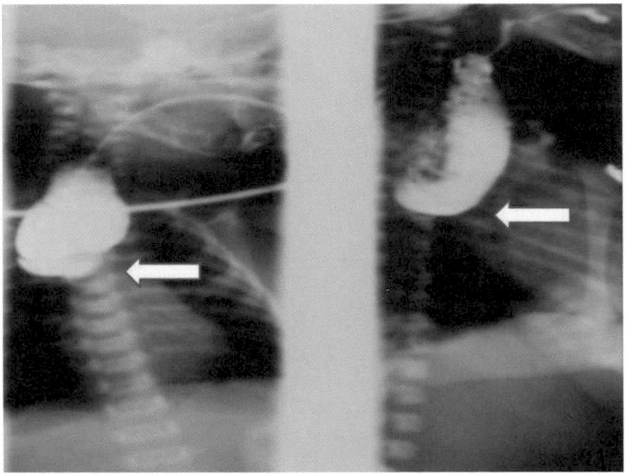

▲ 圖 3.2 從鼻胃管打少量顯影劑，左側正面及右側側面的胸部 X- 光片，可以清楚看到白色顯影的食道盲端像大囊袋（箭頭指出食道盲端）。

閉鎖等。食道閉鎖需要早日修復疏通，但是合併發生的異常也需要及時弄清楚，有的可能要同時處理，有的可以等，還有更致命的染色體異常問題，則必須和孩子的父母討論是否救到底、還是放棄積極營救讓孩子早走。這牽涉到醫學倫理中最難處理的問題，後面章節會提到。

圖 3.1 所顯示的病例，是食道閉鎖幾個型態中最常見的，也就是合併氣管食道瘻管通到胃和腸子，這瘻管通常位置在氣管即將分枝成左右兩側主支氣管的上方。多數比較幸運的兒童，就像我們舉的這個例子，近端閉鎖的食道和遠端以瘻管和氣管相通的食道，距離不會超過三公分，在關閉氣管食道瘻管後，兩端食道拉近並吻合成功的機率大。也就是說，兩端食道距離越近，越能經由開胸，一次就完成手術，讓食道順利地變成食物可以順利通下去的管道。

食道閉鎖是重大的異常，也是小兒外科界考驗小兒外科醫師能否獨當一面的重要參考手術項目。前面提到近端食道和遠端食道的距離，不是絕對的，還要看小兒外科醫師是否善用其他技巧，使兩端食道拉近並成功吻合。當然縫合過程的每一針，都足以影響成敗。術前、術後照顧，更不能馬虎。舉例來說，近端食道因為閉鎖，其盲端像大囊袋，主要原因是胎兒在媽媽肚子裡面，不是無所事事，他（她）不時忙著吞羊水。下不去的羊水造成盲端被擠壓成大囊袋，也造成至少三成的媽媽懷孕時羊水過多。

食道的前段和氣管在身體是貼身鄰居，食道漲成大囊袋，受害的是氣管，在胎兒時就被壓扁。胎兒不需要呼吸，壓扁的氣管在兒童出生後，才會影響新生兒的換氣和呼吸。嚴重一點的，呼吸不順暢的後果可以延續很多年，造成照顧上的困擾。

為吻合近端和遠端的食道，遠端的食道難免往上拉，這會造成食道和胃交界的賁門也一併被往上提。本來就容易發生胃食道逆流的嬰兒，發生機率更因此增多，不僅小孩子容易嗆到，有的還在手術吻合處因胃酸逆流反覆發炎，引起嚴重的狹窄。筆者就曾有病人需要動手術解決胃食道逆流的問題，才讓食道狹窄獲得解決。

除了有瘻管未能在術前被查明，以至於術中遺漏，還有可怕的併發症如傷口斷裂或氣管食道瘻管再犯，發生在一些小朋友身上。病人須因此承受再動一次手術的痛苦，而且，有可能食道兩端無法再拉近吻合，這時的決策很可能就是關閉遠端食道瘻管，將近端食道從頸子左側拉出，做一個食道造口。如此可以避免肺部感染，危及小朋友的生命。

讀者第一個疑惑應該是病人吞東西怎麼辦？很不幸地，不管是口水或吃下的食物，都暫時從食道造口流出來，照護上給父母添加非常多的麻煩。這樣的小朋友通常也需要做一個胃造口，才能管灌飲食。前面提到食道兩端距離三公分以內的，比較有機會一次接好。

兩端食道距離若太長，就須比照前一段提到的病人，在關閉氣管食道瘻管後，同時做食道造口和胃造口，讓小病人先渡過第一道難關，還能和一般兒童一樣長大。接著在幾個月或更大年紀，安排另一次重建手術，利用病人的一截大腸，或者病人的胃的一部分做成人工食道，從頸子經過胸腔接到胃。

各位應該不難理解這是相當重大的手術，小朋友承受的苦難，遠非一般人所能體會。出生的嬰兒「食不下咽」乃天造，小兒外科醫師縱然有妙手，也不敢保證一次能回春。但是，隨著醫學的演進，「食能順利下咽」的目標，在幾近九成的小朋友都能達成！只是這樣的道路常常崎嶇不平，照護上須多費心。

為一時口舌之欲，傷食道吞嚥之功

「逞一時之快」常指人情緒或欲念控制不住，做出不該做的行為。當然，這樣的情況以成人為主。孩童急著想喝東西或吃東西，若不小心抓起成人將裝一般飲料的瓶子拿來裝腐蝕性的液體，沒有好好看內容物或看不懂就喝下，結果口舌之欲沒滿足，反而造成腐蝕性食道炎。

強酸或強鹼液體造成的腐蝕性食道炎，在二、三十年前的臺灣，相當常見。當時瓶瓶罐罐的塑膠製品，不像現在這麼普及。很多家長圖方便或為了省錢，利用空瓶子裝強酸或強鹼液體。即使放在不顯眼的地方，卻沒有提防到小孩子口渴的時候，抓起瓶子就喝，等到發現已經來不及。其中最具代表性的，就是做鹼粽用的鹼油（或稱鹼粽水），因強鹼關係，剛入口還不像強酸那麼難吞，等發現不對時，這些吞下去的液體已經一路破壞食道壁。除了做鹼粽用的鹼油，家裡用的清潔劑，無論酸性或鹼性成分，也多是容易被誤食而傷害食道的物品。當然，也有想不開的青少年或成人，故意吞下大量的鹼油或清潔劑。

面對這樣的病例，病史常常不可靠。通常一旦懷疑誤食，就要儘快安排內視鏡檢查，以便及早掌握病人食道傷害的程度。因為傷害的等級不同，處置有非常大的差別。誤食鹼性電池，若立即取出，傷害可以即時降低。其他腐蝕性物質的傷害，可以從正常並允許立即進食，到視情況先給予流質食物，再到確認是否需要放置鼻胃管給予管灌飲食，或給予食道擴張等，不一而足。幸好絕大多數誤食的孩童，傷害多很輕微，很多病例在兒童胃腸科醫師手上就解決了。

通常會找上小兒外科醫師幫忙的，都是嚴重的腐蝕性食道炎，經過兒童胃腸科醫師細心照料渡過第一階段的發炎問題，以及放射診斷科的食道攝影檢查，證實有厲害的狹窄，不是經由內視鏡擴張一兩次，就可以輕易解決的病例。筆者經手多例腐蝕性物質造成厲害食道狹窄的病例，只有極少數靠幾次擴張就可以克服狹窄的問題，多數仍如兩端食道距離太長的食道閉鎖病人，須要用病人的一截大腸，或者他的胃的一部分做成人工食道，從頸子經過胸腔接到胃。原來的食道只好廢棄不用。

一如前述，這是重大手術，家長看小孩誤食受到傷害，就醫過程已經夠辛苦，有的會考慮一再地擴張食道，希望有奇蹟出現，不必動用大腸或胃做成的「替代道路」。筆者曾有一位大朋友，在發生腐蝕性食道狹窄的前四年，父親非常有耐心地每隔一到三個月，帶他來做食道擴張。前後總計將近四十次才放棄，改接受以大腸做成他的人工食道。術後順利地可以和一般人一樣，享受吞食美味的樂趣。

雖然替代道路多數仍然像原來的食道那般順暢好用，但是食物卡關的情形，在一些孩童身上偶而會碰到，有的狀況還持續到長大成人。一失足傷食道吞嚥的功能，現今雖然少見，仍未完全絕跡，為人父母者不能不慎！

時代在變，誤食傷害孩子的物質種類也在變，藥物、鈕扣電池、洗衣膠囊甚至於「巴克球」磁力珠玩具，都可以出現在名單裡面。像小小巴克球若不小心吞進幾粒，它們會因超強磁力彼此吸在一塊，造成胃腸道的管壁壓迫缺血、壞死，有的病人因此挨刀治療甚至於送命。顏色像咖啡的外傷用優碘，若裝在飲料空瓶裡被拿來誤飲，會造成頭痛、嘔吐、缺氧、低血壓，甚至於吸入性肺炎、腐蝕性胃腸炎等嚴重症狀，危及生命。

成人將危險物品放在隨手可得的地方，間接成為傷害甚至於殺害孩子的物質，豈能不格外小心！

該堵住的卻洞開，「盪氣迴腸」在胸腔

「盪氣迴腸」這句成語的原義是指文章、樂曲十分陶醉動人，致難以忘懷的氣氛不斷地迴盪在思緒中。新生兒當然不會因文章或樂曲，享受大人的「盪氣迴腸」。反而很不幸地，真的有兒童在不該開洞的地方洞開，使肚子裡的腸子湧入胸腔。含有空氣的腸子出現在胸腔裡面，出現實實在在的「盪氣迴腸」！更不幸的是，湧入胸腔的腸子，甚至於一部分胃或肝臟等器官，還會擠壓肺臟的發育，使很多兒童生後為了吸一口氣而掙扎！這就是先天性橫膈膜疝氣。

前面提到的食道閉鎖，是典型該開通的地方卻堵塞不通的先天性疾病。先天性橫膈膜疝氣卻剛好相反，應該堵住不能通的地方卻開了洞，這洞發生在隔開胸腔和腹腔的橫膈膜，而且至少五分之四的病例發生在左邊。為什麼多在左邊？是因為右邊有

肝臟擋住？還是有其他原因？我們無解！後面還會提到很多疾病，不僅左右有別，男女發生比例也有重大差別，當然也一樣費解。

現在流行精準醫學，說實在地，我們應該取法胎兒的發生過程！因為胎兒的發生過程不僅需要非常精準，還須環環相扣。在懷胎六週之前，胸腔和腹腔是互通有無、沒有東西隔開的兩個器官系統。橫膈膜是在第六週的胎兒才開始出現，到第八週就要完全隔開胸腹腔。我們的腸子在發生過程的早期，不知道是否為了方便生長，跑出到腹腔外面的卵黃腔內，然後在第九週開始班師回朝，一星期後就要全數回歸到肚子裡面。如果還有腸子留在外面，不能及時回到肚子裡，就會發生另外一種狀況，在下一章會介紹。

腸子順利回到肚子裡，如果碰到橫膈膜還沒關閉，腸子就會老實不客氣地逢洞就鑽，湧入胸腔裡面。為什麼會這樣？是肚子容量不夠大嗎？還是胸腔有負壓，讓腸子情不自禁被吸引進去？這問題一樣無解。一般人的胸腔維持在負壓，是為了方便呼吸。但是胎兒沒有呼吸的必要，胸腔是否需要維持在負壓？無從理解。

圖 3.3 顯示腸子進入左側胸腔，造成「盪氣迴腸」的效果，但對受害的胎兒或出生後的嬰兒，卻一點都不好笑！

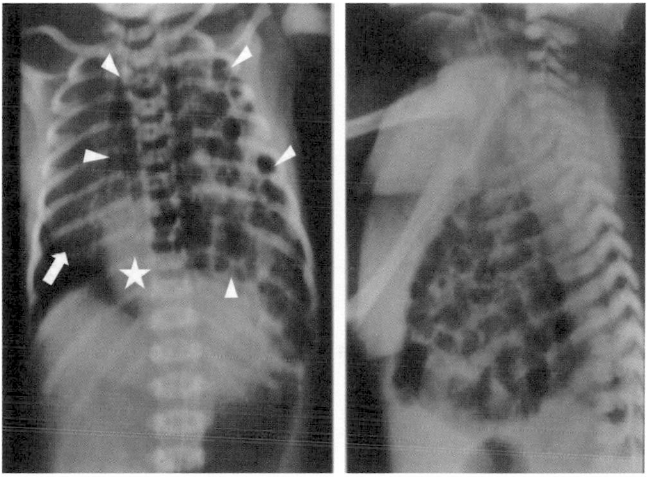

▲ 圖 3.3 剛出生的小朋友呼吸困難，照一張胸部 X- 光片立刻揭開謎底，是一例典型的先天性橫膈膜疝氣。左圖是平躺正面照，五個三角形的尖端都指向充滿左側胸腔的腸子。箭頭指向右側肺臟被擠到更旁邊去，左側肺臟則幾乎看不見。星形符號所在處是心臟，本應在中間偏左的位置，也是被腸子擠到右側胸腔。右圖是平躺側面照，顯示左側胸腔充滿腸子。

一張像圖 3.3 的照片，會解讀的人，勝過千言萬語。典型的先天性橫膈膜疝氣，腹部的器官，主要是小腸和大腸，會湧入胸腔裡面。胃、脾臟甚至於一部分肝臟也可能會擠進去。各位不難想像，職司呼吸的肺臟，甚至於管血液循環的心臟，被這些不速之客，像乞丐趕廟公一樣，被擠壓到邊緣去，身體怎堪度日？

有資料顯示，將近一半先天性橫膈膜疝氣的胎兒，還沒有等到能享受呼吸世間空氣的那一刻，就流產再見了。能夠生下來的另一半，有的就像圖 3.3 所顯示的新生兒，肺臟被擠壓到只占胸腔的一小部分，沒有足夠的肺泡和細支氣管，讓空氣順利進出並滿足新生兒氧氣的需求，這樣的小孩子從出生那一刻起，就為了能吸一口氣而掙扎！

醫療科技的進展，也幫呼吸困難的小朋友一個大忙。如果給予氧氣或加上一般呼吸器可以解決的，還算好辦，小兒外科醫師可以選擇適當時機儘早給病人開刀，把腸子及其他腹部器官拉回肚子裡面，然後把橫膈膜關上。有的病例嚴重到呼吸器也幫不上忙，這時可以考慮葉克膜。但是，這樣的新生兒肺臟常常發育有限，葉克膜無法永久使用。如果使用一段時間以後，可以順利轉移到使用一般呼吸器，甚至於回到正常最好，否則何時停止葉克膜讓孩子離開這無緣呼吸的世界，又是一翻倫理的掙扎！

當然，不是每一個有先天性橫膈膜疝氣的孩子，都為了吸一口氣而掙扎。能順利生下來的小朋友，有將近三分之一沒有呼吸困難的症狀。在產前超音波檢查不是那麼盛行、或不是那麼精確的年代，這些沒有呼吸困難症狀的小朋友，常常在新生兒階段被忽略。直到後來因消化道症狀包括肚子痛找醫生，照一張胸腹部X-光片才發現有腸子在胸腔。通常這樣的病人，進入胸腔的胃或腸子的量不多，對肺臟發育的影響自然比較小，反而因胃或腸子翻轉到胸腔，不時因食物卡住或腸子扭轉，造成消化道不適而就醫。

拜產前檢查工具的進步，特別是超音波的精進，很多胎兒的異常，在懷孕早期就被診斷出來，先天性橫膈膜疝氣就是其中之一。如果發現大量的腹部器官佔據胸腔，這胎兒有可能流產，也可能出生以後吸不了幾口氣就走了，難道我們就束手無策嗎？下面一段提到的，是一名小兒外科醫生為圓一個夢而為此奮戰不懈的故事。

從娘胎救起：胎兒手術的理想和現實

一般人都不希望自己的小孩輸在起跑點上，這起跑點當然指的是生下來那一刻。但是，就像前一節所描述的，醫療科技的進步，使人出生之前的狀況，很早就被產科醫師及孕婦掌握。雖然生後可能還有一些變數，但是大體上，多數產前正常的胎兒，還是可以使為人父母者寬心，甚至於提前規劃出生後的養兒育女經。

人算常常不如天算，能否生出完全正常的孩子，是典型難以事先掌控的人生大事。萬一產前就從超音波及其他診斷工具知道懷的胎兒有先天性異常，為人父母的應該非常震驚、難過，在近乎休克的階段過後，立即要知道這異常會帶給胎兒未來什麼樣的後果，才能決定下一步該留或不該留。有染色體或神經系統異常的胎兒，注定生後生活、生命品質，大異於常人，現階段無法以嶄新科技給予幫助改善，這時決定流產就比較沒有爭議。雖然和無緣的孩子提早說再見，仍然會帶給父母相當程度的創傷，畢竟還是短痛，可以逐日恢復過來。

先天性異常種類繁多，多數可以預先知道的，其實不是那麼單純，尤其一種已知的異常，有時會合併其他異常一起發生。後者不一定可以同時偵測出來，無論產科醫生或者被徵詢、照會的小兒外科醫師，話都不能說得太滿，這也常常帶給父母極度的困惑。更有甚者，單一異常會帶給胎兒未來什麼樣的病情差異，有時也會有天壤之別。以大家已經知悉的先天性橫膈膜疝氣為例，就不難理解如何鑑別診斷個案疾病輕重，以便使父母及醫師及時應對，可能遇到的困難非常驚人。

若碰到比較嚴重的先天性橫膈膜疝氣，可以在娘胎中就給予手術矯正，讓肺臟有機會發育得比較好嗎？就學理上而言，當然有。但是，這是我們這年代的人的反應，因為我們對先天性橫膈膜疝氣的瞭解，比起四、五十年前多非常多。

雖然超音波在人類醫療上的使用，始於一九五六年英國的格拉斯哥（Glasgow），但是在英、美及其他地區，直到一九七〇年以後才逐漸普及。一九六九年，有一名邁克爾·哈里森（Michael R.Harrison）的實習醫生，在痲省總醫院跟一台刀，是一例先天性橫膈膜疝氣的新生兒。外科主治醫師修補完橫膈膜的破洞後，哈里森醫生非常認真照顧，但是病人第二天還是走了。這看似小小的挫折，卻帶給這名年輕醫生非常大的震撼，他思考我們有沒有可能在更早的時候，也就是胎兒的階段就給予手術矯正？

當完住院醫師以後，哈里森醫生到挪威奧斯陸（Oslo）六個月，只是想了解先天性橫膈膜疝氣的自然發展史，因為挪威對產前胎兒及新生兒的死亡，都有詳盡的解剖登錄。前述一半先天性橫膈膜疝氣的胎兒胎死腹中，就是從他觀察到的數據得知。有夢雖美，也要有客觀環境配合，才能有機會實現夢想。前述超音波在一九七〇年代開始普及，是其中重要的檢查工具之一，另一提供重要助力的檢查工具也在一九七〇年代稍後普及，它就是胎兒鏡檢（fetoscopy）。有了這兩項工具，對朝向夢境邁開步伐的哈里森醫生，如虎添翼。

還有，他不是第一位動胎兒腦筋的人，因此可以避免萬一失敗時，成為眾矢之的。在一九六一年，就有人幫胎兒輸血。一開始經皮打入，三年後有膽子大一點的醫師打開孕婦子宮輸血。後者因併發症及死亡率過高而被迫喊停。1

這時，加州大學舊金山分校兒童醫院有人使用懷胎的羊做研究，技術相當純熟，讓哈里森醫生欣喜若狂，就申請到那裡服務，也和這位老兄一起開始築他的夢。除了熟稔並掌控用動物做胎兒手術所牽涉到的各種步驟以及生理、病理變化，並變成這方面的領頭羊，他也很快建立了美國第一個胎兒治療中心。一開始選擇比較單純的水腎及水腦胎兒做介入性治療，效果良好，讓中心成員士氣及信心大增。哈里森醫生放膽執行他年輕時的夢想，於一九八三年起至一九八九年，團隊共執行六例開腹修補嚴重的先天性橫膈膜疝氣，結果令人失望，死亡率將近八成。分析原因，多數病例有肝臟進入胸腔內。後來有兩例將肝臟進入胸腔內的排除在外，手術就成功。

打開子宮為胎兒手術畢竟是大事，最重要的一步是安胎。早期使用硝酸甘油（nitroglycerin），安胎效果很好，但是引起幾個孕婦嚴重的肺水腫，也為此關閉胎兒治療中心一陣子。另外，選擇較輕的先天性橫膈膜疝氣病例治療，經過前瞻性隨機對照試驗，驗收成效，發現沒有比讓胎兒等到自然生產的更好。這條路在一九九六年，似乎走到盡頭。這時，有人發現短暫塞住氣管，可以使肺臟發育更好，而且，藉由胎兒鏡幫忙，執行這動作，侵襲性較小，也適用於更嚴重的先天性橫膈膜疝氣病例，二〇〇九年超過兩百例的多中心臨床試驗報告，存活效果顯著，令人振奮。[1]

適合胎兒時期介入治療的疾病，種類繁多，有些項目的作業已經標準化，本文不是教科書，就不深入介紹。辛苦耕耘的背後，有時會帶來非常意外的收穫，其中之一就是胎兒術後完全看不見疤痕！這種無疤痕癒合的現象，帶給外科界相當地震撼和驚喜。因為成人術後常伴隨疤痕形成，有的非常難看，以至於引起部分人的心理創傷。若能破解無疤痕癒合的機密，將是外科界天大的好消息。只可惜，截至目前為止，我們只知其然，不知其所以然，離開實際應用的路還漫長。

哈里森醫生主持加州大學舊金山分校兒童醫院小兒外科二十多年，被世人尊稱稱為胎兒外科之父，當然桃李滿天下。筆者於二〇〇六年到芝加哥參加美國外科學院的年會，有幸聆聽這位大師演講胎兒手術，獲益良多。當年筆者正好擔任台灣小兒外科醫學會理事長，有意邀請他來台灣演講，分享他精彩的人生經驗給國內同仁。但是他行程滿檔，排不出時間，也因此無緣來台灣。本書出版，把這段軼事納入，正好可以補當年遺珠之憾。並以圖3.4做為本章的結尾，也向這位為了先天性橫膈膜疝氣患者努力不懈的小兒外科醫師致敬！

第三章參考文獻：

1. Evans LL, Harrison MR: Modern fetal surgery-a historical review of the happenings that shaped modern fetal surgery and its practices. Transl Pediatr.2021 May;10(5):1401-1417.

▲ 圖3.4筆者於二〇〇六年到芝加哥參加美國外科學院的年會，聆聽邁克爾·哈里森醫師演講胎兒手術，會後邀請他來台灣演講，因行程排不開而未果，但他很高興有遠從台灣來的小兒外科醫師專程聽他演說，也欣然與筆者合影。

第四章

宰相肚裡能撐船，兒童腹中容百病

宰相肚裡能撐船，兒童腹小故事多

無論大人、小孩，肚子都不大，卻是百病的溫床，剛好呼應「宰相肚裡能撐船」這典故。據說這個故事源自北宋名臣王安石。王安石官拜宰相，中年喪妻後娶個相貌出眾、琴棋書畫都精通的美嬌娘續弦。忙於政事的王安石，難以常和閨中少婦享魚水之歡，後者難耐慾火中燒，和府上的年輕下人偷情。畢竟紙包不住火，傳到王安石耳朵。有一天王安石藉故提早下班，剛好撞見兩人偷情。王安石當場捉姦、氣憤不已，本擬重辦兩人，繼而想到堂堂宰相，戴綠帽子被傳出去，情何以堪？於是當機立斷，賜小妾白銀，並讓他和這個下人成親，要求他們自此遠走他鄉。小妾避免殺身之罪，自然地跪謝王安石寬宏大量，連稱王安石真是宰相肚裡能撐船。

佛教常勸人要「肚大能容，容天下難容之事；笑口常開，笑世上可笑之人。」無論一個人再胖、肚子再大，也無法撐船或容天下難容之事。大家心知肚明，這只是隱喻，希望做人可以寬宏大量、能忍則忍。不過，肚子不大的成人、小孩，卻真能容百病！

以成人為例，肚子的健康和疾病，直接關係六大專科的醫療業務。這六大科就是胃腸肝膽科、一般外科、大腸直腸外科、腎臟科、泌尿科和婦產科。間接相關的專科包括新陳代謝內分泌、心臟及血管內外科、以及中醫等等。小朋友肚子的健康和疾病，在兒童內科的部分，也有許多專科如兒童胃腸肝膽科、兒童腎臟科、新生兒科等參與照護。但是，外科的部分，除了兒童泌尿外科和小兒外科部分業務重疊，其他如成人的一般外科、大腸直腸外科和婦產科，發生在小朋友身上的外科醫療業務，幾乎多由小兒外科概括承受，主要原因在很多腹腔疾病發生在新生兒或嬰兒。熟悉成人醫療的醫師，面對這麼小的病人，難免左支右絀，也只有小兒外科醫師才能得心應手地完成從術前到術後的一貫醫療作業。

雖然兒童腹小故事多，筆者不打算像百科全書一般介紹我們處理過的所有病例。若讀者想從中學習小兒外科醫師如何治療各式各樣的兒童腹腔疾病，讀完本書難免會有遺珠之憾。如果抱持好奇心，想一窺從事這一行業的人的酸甜苦辣，筆者倒是有信心讓讀者達標。

莫名壓力胃難撐，脆弱腸壁難抗菌

到目前為止，我們介紹的疾病都是從新生兒開始，本章也不例外。一般人對身體結構的印象，難免受到常見的成人構造所左右。兒童內外科前輩常常告誡我們 The newborn infant is not a miniature adult. 也就是說，新生嬰兒不是成人的縮影，他們有非常獨特的組織構造和迥異於成人的生理、病理反應，不能把用在成人的那一套思維做法套用到嬰兒身上。前三章各位已經領教過一些新生兒的特殊疾病，先天帶來的居多。本章從兩個特殊又非先天就有的新生兒疾病講起。

自發性胃穿孔應該是新生兒本身以及新生兒內、外科醫師可怕的夢魘，不但來無影，而且病程惡化極快速，常常在確診手術前後，回天乏術下，小小生命很快就結束了。這個病在一八二六年就見諸於醫學文獻，但是，直到今天，我們對它的了解仍然有限。唯一的共識是新生兒無法承受沉重的壓力，無論產前或周產期間，因羊膜炎、胎盤提早剝離、前置胎盤或緊急剖腹生產的嬰兒，其面對的壓力也許大到驚人，發生自發性胃穿孔機率自然比較高。這些壓力可能帶來胃腸局部缺血，也可能促使胃出口張不開，胃裡面的東西排不順，胃自然膨脹，壓力變大下就找弱點出氣，破洞於焉形成。

但是，自發性胃穿孔常發生在出生四、五天，看似好端端的新生兒身上，而不是頭一兩天剛生下來的寶寶。上述說法只是眾多原因之一。有人懷疑是不是餵食後帶來的細菌，大量繁殖，破壞胃壁造成。這樣的說法，和接下來要討論的壞死性腸結腸炎，致病機轉倒很類似。

一旦胃穿孔，新生兒敗血症、休克，好像排山倒海地發展，即使快速搶救，小兒外科醫師也在最短時間內給予手術修補，死亡率仍然可以高達百分之五十。所幸，近年來婦產科、新生兒科醫學的進步，讓新生兒承受的壓力變小，自發性胃穿孔的病例也變少。

自發性胃穿孔如果真的是壓力造成，那麼，男性生下來就是弱者，因為有報告顯示男性新生兒發生率是女性新生兒的四倍。是不是男性嬰兒的胃有我們目前尚未知悉的弱點，還待我們未來澄清。成人常常抱怨壓力爆表，殊不知出生嬰兒壓力大到可以爆胃，這可說是非常不可思議的自然現象和人間悲劇了！

倒是接下來介紹的壞死性腸結腸炎，男女平等。雖然產前會帶給新生兒的壓力，原因非常多，包括母親懷胎時有高血壓、子宮內胎兒生長遲滯等，都有人報告會增加壞死性腸結腸炎機率，但是早產單一因素已經概括很多致病成因，加上生下來就要和充滿細菌、病毒、黴菌等微生物的世界共存，奮勇求生的本能，似乎沒有性別的差異！

也在十九世紀差不多和自發性胃穿孔被報導的同一時間，壞死性腸結腸炎的病例，就有人報告。但是，一直到一九六〇年代，這種病才受到歐美國家廣泛地重視。因為它是少數與時俱進的病，也就是說，病例隨時代進步而增多！從一九六〇年代開始，所有科技都突飛猛進，醫學自然也不例外。過去死亡率極高的早產兒，有機會活下來，但是，我們一時無法了解早產兒如何應付充滿敵意的環境！活著張開嘴要吃東西，當然也會吃下細菌、病毒等良莠不齊的微生物。這些微生物的種類繁多，其分布和比例到底應該怎麼樣才恰當，才可以幫人而不是害人？一直到今天，我們仍在摸索尋求最適當的答案。

新生兒、特別是早產新生兒，不能等大人給答案。吃進去的食物養小孩，也養數目龐大的腸道微生物。相對於細菌，我們對腸道病毒是否是幫凶的了解有限。相反地，我們對細菌的認知多一點，還有抗生素可以對付，細菌自然成了箭靶。所以，病人個人的抵抗力、餵進去的奶和不當滋生的腸道細菌，構成壞死性腸結腸炎致病鐵三角。探討三角形中任何一邊導致疾病破口的文章，直如汗牛充棟，不克一一深入介紹。

有一個不爭的事實是新生兒、特別是早產新生兒的腸壁非常薄。有的巴掌仙子腸壁，幾乎可以用薄如蟬翼來形容。腸壁職司吸收營養物及抵抗病原菌入侵兩大功能，當然要有很多層組織、細胞參加。單薄的早產新生兒腸壁，各色各樣的組織、細胞，不是不夠成熟，就是兵力不足，可以想像這樣倉促成軍，如何能防範懷有敵意的病菌入侵？尤其因缺血或很多原因導致免疫下降時，面對細菌如大軍壓境，瘋狂進襲，難免會左支右絀，其結果不但是最前線的腸黏膜慘遭蹂躪，腸黏膜下的組織也跟著受害。比較幸運的，只有一兩處

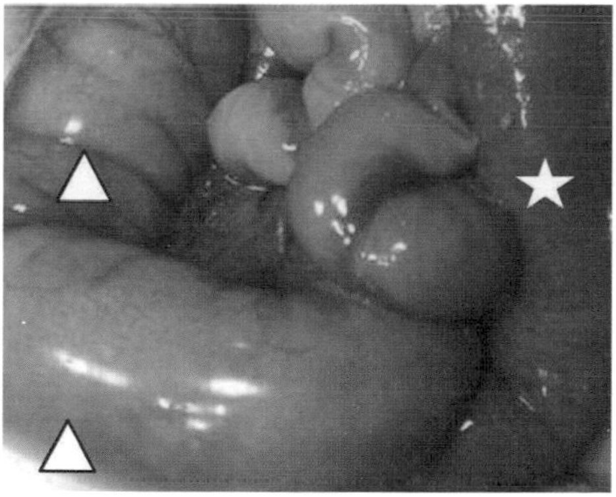

◀ 圖 4.1 一名早產兒因壞死性腸結腸炎惡化，接受手術。這張放大的術中圖片顯示幾處腸壁漿膜下，有空氣積瀦（兩三角形尖端所指處），腸子也變成黃綠色。右側白色星形下的腸子顯現正常紅潤的顏色。

潰爛；比較慘的，多節腸子遭殃，甚至於整片糜爛。

壞死性腸結腸炎最特別的病理變化，莫過於腸黏膜或漿膜下，形成一團團的氣體，稱之腸氣囊腫（pneumatosis intestinalis）。圖 4.1 就是典型的壞死性腸結腸炎合併腸氣囊腫，在手術中捕捉到的影像。

為什麼會有腸氣囊腫？這種幾乎是新生兒腸道發炎後獨有的病理變化，不僅成人少見，連較大的孩子腸道發炎穿孔前，也看不到這種變化。單薄的新生兒腸壁，使細菌可以輕易地穿越，在黏膜或漿膜下集結成軍，形成一團團的氣體，似乎是比較合理的解釋。但是，真相仍待破解。

像圖 4.1 這位小朋友還算幸運，在腸壁堆滿氣體，即將破裂之際，即時接受手術，切除已經遭到破壞的一節腸子，還有剩餘不算短、並正常的腸子可以接回去，術後恢復也算順利。有的新生兒出現腸氣囊腫，新生兒科醫師及時發現，適時禁食並給予抗生素及大量輸液、靜脈營養治療，病人不用開刀，腸子發炎逐漸獲得控制，慢慢好起來。這樣的情形，在現代越來越常見。

但是，也有不少新生兒從出現腸氣囊腫到腸子穿孔破裂，時間非常短，及時手術搶救生命的戲碼就要上演。讀者也許還記得在第一章第二節，筆者多年前在桃園慈湖碰到的小朋友，曾因壞死性腸結腸炎，術中有很長的一段小腸糜爛、壞死，必須切掉並且把剩下很短但還算正常的兩端腸子接上。這小朋友也因「短腸症候群」住院很長的一段時間，才終於痊癒出院。

巴掌仙子的嬌小，常常佔據媒體的版面，尤其極低體重和超低體重兒，從出生照顧到出院，常常耗時好幾個月。人紅是非多，但是這些新生兒的確身不由己，不但發生壞死性腸結腸炎機會多，死亡率也和體重成反比。有報告指出七五〇克以下的超低體重兒發生壞死性腸結腸炎的死亡率可以高達七成，但是超過一二五〇克的極低體重兒死亡率可以降到百分之三。

既然細菌在壞死性腸結腸炎扮演那麼重要的角色，有醫師主張出生後懷疑有發生這疾病可能性的新生兒，事先給抗生素或者益生菌治療，報告出來的效果似乎還不錯。無論如何，只要有新生兒、特別是早產新生兒，也有我們必須依賴的微生物，以及不可避免的攝食，人類和壞死性腸結腸炎對抗的戲碼，還會不停地演下去！

把關幽門竟自肥，厚實肌肉阻流通

讀者都知道胃是非常重要的消化器官，把從食道接收的食物攪拌均勻，並混入自身分泌的汁液，有利於腸道吸收後，才送給下一站。食道把食物經由賁門送給胃，胃經由幽門把攪和過的食物，送給十二指腸。負責進出口的賁門和幽門，替胃把關，其重要性自不待言。但是，在孩提時代，這兩個門戶常常出狀況，徒增兒童及家長的困擾和苦惱。

賁門在新生兒、特別是早產新生兒，常常發育不全，偏短而容易被拉到胸腔，導致在肚子那一段括約肌不夠長，功能無法發揮，以至於胃食道逆流非常普遍。形之於外的就是溢奶，比較嚴重的變成吐奶，甚至於因經常嗆到變成嗆奶。有關嬰兒胃食道逆流問題的診斷和處理，是新生兒科醫師的專長，只有極少數嚴重病例才會找小兒外科醫師動手術阻止胃食道逆流。

相對於賁門關不牢，導致胃食道逆流，幽門的問題更莫名其妙！一個好端端的嬰兒，尤其是男嬰（男女比為四比一），不知何故，在生後兩星期到八星期中間，開始喝完奶後不久嘔吐。這嘔吐不像胃食道逆流那般靜悄悄地流出來，而是噴射性。由於吐出的食物和胃內容物的量，隨時間遞增、越來越驚人，若不及時治療，小朋友很快會脫水，而且包括鉀及氯離子等電解質會大量缺乏，小兒科醫師的及時救援非常重要。

在沒有腹部超音波的年代，一個噴射性嘔吐又脫水的小朋友，通常有經驗的小兒科或小兒外科醫師，在他肚子的右上方，可以摸到肚子裡面一顆像橄欖一般大小的硬塊。如果怕觸診不夠精確，可以照一張腹部X-光片，常常可以看到大大的胃。有時須要灌顯影劑，看到顯影劑像一縷線那麼細擠過幽門。

由於有腹部超音波，幽門肥厚的肌肉無所遁形，它就是造成食物難以通過，小朋友發生噴射性嘔吐的元兇！正式醫學名稱為病因不明或自發性肥厚性幽門狹窄。幽門竟自肥，肌肉莫名其妙地增厚，原因至今仍然未明，看來要留給後代子孫去研究了。

把幽門這通道擠成一個小小隙縫的肥厚肌肉，雖然造成的症狀很猛烈，外科治療卻出乎意料地簡單，只要把肌肉劃一刀，使黏膜可以膨脹，通路打開，食物在術後就可以很快地通過幽門關！通常在術後幾個小時，至多半天時間小朋友就可以進食，不出兩至三天就可以出院。這是少數復原快速，又不帶來後遺症的小兒外科疾病。

幽門擅自肥厚害了自家人挨刀，但是，極少合併其他異常疾病，不至於聯手整人，也算是一怪！

一樣閉鎖兩樣情，腸道不通各有因

很多人聽過「關關難過關關過」這句成語，有人用「處處無路處處路」，甚至於「夜夜難熬夜夜熬」相對應。後者拿來形容小兒外科這一行，有時還真貼切！

過了幽門關，接下來的十二指腸異常這一關就不是那麼簡單。筆者覺得如果造物主要考驗一個人，叫他做小兒外科醫師就好，因為一大堆造物主未竟全功的人，就丟給小兒外科醫師完成！

造物主在兒童消化系統弄出「關關難過」，我們就要想法子讓他「關關過」。十二指腸這名字聽起來就很怪異，發生在這裡的兩個重大異常也一樣怪異！

首先是十二指腸閉鎖或狹窄。十二指腸閉鎖是指有隔膜擋住通路，或者前後段十二指腸分開而完全不通；狹窄就是還有狹小的孔洞，讓食物不易過去而塞住。無論十二指腸閉鎖或狹窄，它們有時會合併怪狀的胰臟，後者就像指環一樣繞著十二指腸，或者像蛇纏住獵物。

可以想像，在產前診斷技術不發達的年代，有先天性十二指腸閉鎖的新生兒，因為從出生第一天起就吞不下東西，也很容易就被診斷出來。相對地，有先天性十二指腸狹窄的小朋友，包括液體及一般食物，有時過得去、有時卡住，延遲診斷及治療的狀況時有所聞。產前診斷技術的進步，使得有十二指腸閉鎖的胎兒，不必等到出生，問題就攤開在產婦及親友的目光下。

無論是十二指腸閉鎖或狹窄，它們發生異常的時間，剛好是胎兒各器官系統忙著形塑自己的時候。十二指腸在胎兒早期，像灌飽豬肉的香腸，是實心的構造。後來中間的細胞凋亡，讓十二指腸像竹子一般中空，才可以通過食物。

在各器官系統忙著為自己塑造未來的時候，若一個器官忙中有錯，其他器官系統也跟著遭殃！因此，十二指腸閉鎖或狹窄合併其他異常的機率非常高，常佔這類兒童的半數，這裡面包括染色體異常如唐氏症、心臟病等。手術治療十二指腸閉鎖或狹窄，對於有經驗的小兒外科醫師不難，病人恢復也多很順利。困難的反而是合併異常的嚴重度，有時產前確認有多個嚴重的異常，就要面臨留或不留胎兒的倫理問題！

相對於十二指腸閉鎖或狹窄，空腸或迴腸發生閉鎖或狹窄的成因似乎和胎兒腸子的血液循環有關。一方面，後者比較少合併其他先天性異常，表示發生時間比較晚；其次，空、迴腸十二指腸閉鎖或狹窄的腹腔常可以看到造成血液循閉鎖或狹窄的原因，例如後面會提到的裂腹畸環異常或臍膨出；另外，空、迴腸閉鎖或狹窄形也可以在實驗動物的胎兒製造出來。這些證據都證明胎兒在媽媽肚子裡面，因腸子扭轉、套疊或疝氣等種種原因，使一小節或多節腸子的血液阻斷，腸子一節或多節壞死被吸收，剩下來的腸子不連貫，就形成我們看到的樣子。

圖 4.2 顯示一名新生兒的空腸末端、

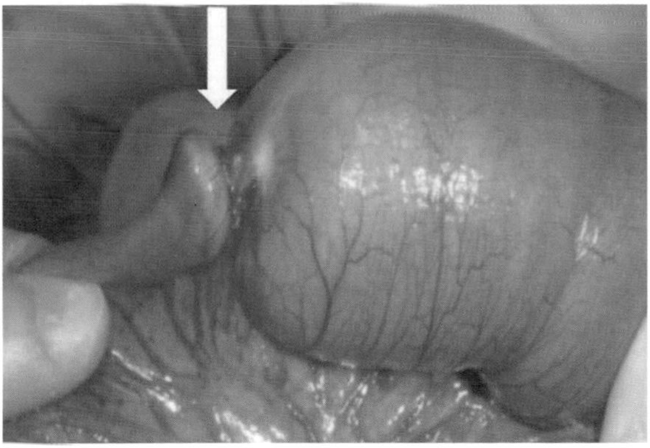

▲ 圖 4.2 顯示一名新生兒的空腸閉鎖，箭頭所指處小腸好像被掐住，右側近端小腸因積瀦腸道的食物或分泌物變得非常大。左側遠端小腸在長期沒有使用下，變得很小。

靠近迴腸的地方，有一處好像因扭轉或某種外力介入，導致小腸中間被掐住的感覺，這是小腸閉鎖眾多表徵之一。近端小腸因積瀦腸道的食物或分泌物，而變得非常大。相反地，遠端小腸沒有東西通過，在用進廢退的原理下，變得很小。

小腸很長，會引起胎兒小腸出狀況的原因很多。像圖 4.2 這名新生兒的閉鎖，只是我們碰過的病例裡面相對比較單純的。我們也碰過多處閉鎖，或者近端空腸閉鎖，遠端迴腸像聖誕樹一般繞著一條血管的奇特景象。無論如何，讓小腸接通是第一要務。由於閉鎖兩端的腸子大小實在差太大，如何吻合又不會造成阻塞，不僅考驗小兒外科醫師的技術，也考驗照護團隊的耐性，因為小朋友的恢復須要比較長的時間。

所幸空、迴腸閉鎖或狹窄的病因和十二指腸閉鎖或狹窄的成因不同，也很少合併其他器官系統的異常，處理起來比較不那麼複雜，正是「一樣閉鎖兩樣情，因地制宜利疏通」。

前後翻轉大挪移，只為腸道不打結

前面說過十二指腸有二怪，除了十二指腸閉鎖或狹窄，另一就是「腸管迴轉不全」。解釋這名詞之前，我們要先弄清楚腸管為什麼要迴轉，怎麼樣才是正常的迴轉？一般成人的腸子長度大約七公尺，足月寶寶小小身軀裡的腸子蜿蜒長近三公尺。這麼細長的構造擺在空間有限的肚子裡面，如果沒有很好的擺放次序，不但會亂成一團，腸道裡的東西無法順利通過，嚴重時腸子打結、血液進不去就壞死！當然，腸管迴轉不是十二指腸單一器官的事，只是它的位置改變很大，出事的時候，東西又塞在它那裡，就成了代罪羔羊了。

造物主在造人時，也的確發揮巧思。在胎兒還小、腸子還短時，每一個人都是直腸子，從上到下一以貫之，像十二指腸及空腸在前面，就稱前腸；盲腸和大腸在後面，就稱後腸。為了增加吸收面積，腸子迅速增長，這時腸子也從卵黃腔回到胎兒肚子裡。一個驚人的迴轉動作發生了，也就是腸子做出兩百七十度、反時鐘方向的迴轉。原先在胎兒肚子前面的十二指腸，轉到後面；而原先在胎兒肚子後面的盲腸，卻轉到前面！這前後翻轉、乾坤大挪移的妙用，使十二指腸的第四部分在肚子左上方，然後接下來才是空腸和迴腸，盲腸則落腳在肚子右下方，這樣的巧妙安排，使七公尺長的腸子可以有次序地懸掛在左上到右下寬廣的腸系膜下，不會擠成一團。

「腸管迴轉不全」，顧名思義，就是不按牌理出牌，該迴轉不迴轉，或迴轉的幅度不夠，腸子扭成一團，結果出現圖 4.3 的亂象。

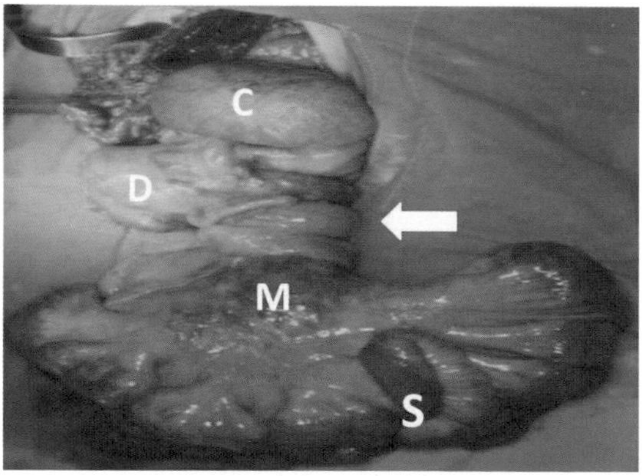

◀ 圖 4.3 這名新生兒吃不下東西、嘔吐，影像發現有異，緊急手術發現腸管迴轉不全合併腸子扭轉，腸子繞著腸系膜順時鐘整整轉了三百六十度（箭頭所示，有部分小腸捲入裡面），還好血液循環還沒有阻斷，腸子顏色還正常沒有壞死！（圖中 C 是大腸；D 是十二指腸；M 是腸系膜；S 代表像扇形分佈的小腸）

圖4.3顯示的新生兒，是典型的腸管迴轉不全，在發生扭轉下的狀況，其臟器的分佈和平常人看到的完全不一樣。就算還沒有發生扭轉，腸管迴轉不全病人的小腸和大腸擺的位置，和正常人也很不一樣。十二指腸和盲腸分別在狹窄的腸系膜左右側。由於不曉得什麼原因，懸掛腸子的腸系膜有纖維組織跨過，使它變得非常狹窄，而它吊掛的腸子相對地又長又龐大，就像大吊燈吊掛在很小的燈座下，其結果就是腸子非常容易繞著腸系膜打轉，而且是朝著順時鐘方向轉！可以從一百八十度轉到七百二十度。像這小朋友的腸子轉了三百六十度，任何東西都通不過，當然就吃不下東西、嘔吐。影像檢查發現有異，就要緊急手術，在血液循環還沒有阻斷，腸子沒有壞死前，把腸子逆時鐘方向轉回來，同時將狹窄的腸系膜張開避免有機會再次打轉。因為盲腸還是在不正常的位置，我們通常會將闌尾一併割除，避免未來不巧發生闌尾炎時，因診斷不易而延誤治療。

腸管迴轉不全常常會發生扭轉，扭轉的腸子在血液循環還沒有阻斷，腸子沒有壞死前及時手術，可以避免悲劇發生。我們也碰過扭轉的腸子幾乎完全壞死的病例，病人若不是死於敗血症，則靠剩下非常短的腸子活下來，日子也會很悽慘。不僅長期照護不易，依賴靜脈營養的日子也不一定看得到盡頭，唯一指望小腸移植也要碰運氣！

造物主一時疏忽，沒有將應該正常迴轉的腸管，一鼓作氣完成，帶給一些小朋友苦難，真要我們像佛教轉輪般的行動挽救回來。

天造機構不如意，貨暢其流何其難

腸道的關卡接連不斷，過了小腸，更麻煩的大腸、直腸、肛門問題等在後頭。為什麼說更麻煩？因為小腸問題除了短腸症候群，其他處理起來還不會太棘手。但是大腸、直腸、肛門問題連成一氣，關係人的排便。無論是先天性巨結腸症或肛門閉鎖，除了須要小兒外科醫師的巧手給予矯正，還有賴老天給予病人很好的肛門括約肌，甚至於很棒的感覺統合能力，術後排便才可以和正常人一般。

就算沒有直肛異常的「正常人」，也有相當高比例的人有排便的困擾，其中，便秘佔據最大宗。纖維攝取不足的飲食，可能是最重要的原因之一，但是，還是有其他非常難以解釋的成因。例如，兩三個月以上的嬰兒，常常被父母帶來門診，主要發現肛門口長了腫瘤一般的東西，有的小朋友大便時會哭或大便上面沾血。小兒外科醫師只要仔細看一眼肛門，十之八九會發現肛門裂傷，十之八九發生在女生，而且多裂在肛門前面！為什麼多是女嬰？為什麼多裂在肛門前面？筆者無解，就好像小朋友的肛門瘻管多發生在男嬰一樣無解！

從發生在「正常」嬰兒的直肛問題，有很多難以解釋的現象，讀者就不難想像患有先天性巨結腸症或肛門閉鎖的人，我們要如何才能讓他們排便趨近正常了。

先從先天性巨結腸症說起。這病的正式名稱為赫希朋氏病（Hirschsprung disease），因為巨結腸是外觀表徵，也就是說，這病不是大腸無緣無故變得非常巨大所引起。雖然丹麥小兒科醫師赫希朋氏在十九世紀末於柏林舉行的醫學會就詳盡地描述兩個病例，也一直等到五十年後的一九四八年，有四位醫師同時發現真正的病因在遠端結腸沒有神經節細胞，造成這段結腸及更末端的直腸無法鬆弛張開，大家才豁然開朗。原來下面看起來小小的腸子張不開，導致上面的大便下不去，長年累月堆積而變得越來越大，使得被堵塞、位於上流的腸子背負巨結腸症的稱謂！

即使在現代，我們對這病的了解不少，但是挺著大肚子，被延遲診斷的情形仍時有所聞。因為這樣的病人，不只大便難排，連屁也難放，造成圖 4.4 小朋友肚子 X- 光片的景象，整個肚子充滿氣體，唯獨該有空氣的直腸卻沒有，樣子相當駭人！而圖 4.5 是灌了鋇劑後，

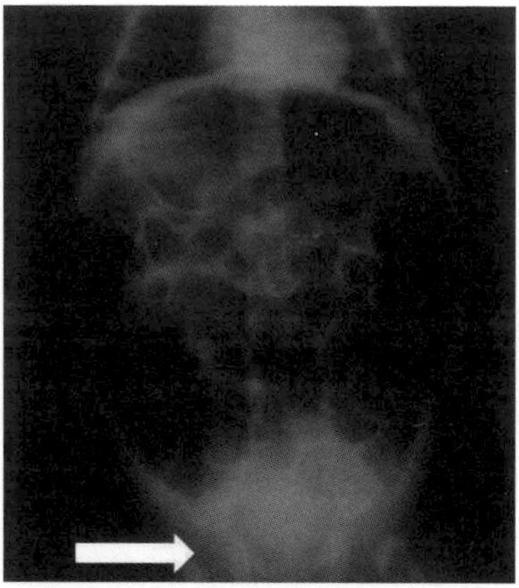

◀ 圖 4.4 小朋友因腹脹、嘔吐，照一張腹部 X- 光片，發現整個肚子充滿氣體，簡直像個大氣球，箭頭所指的直腸卻沒有空氣。

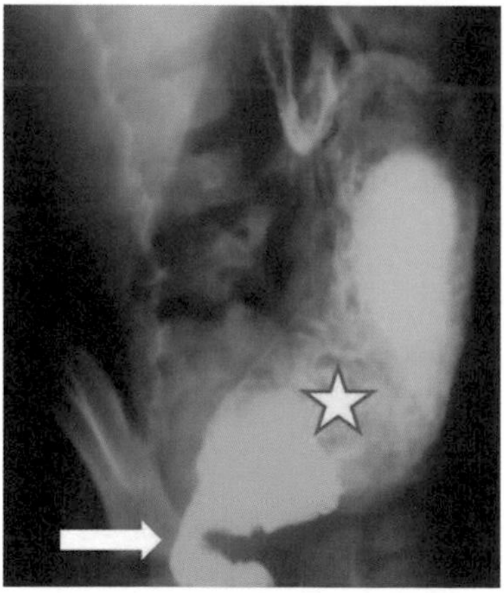

◀ 圖 4.5 鋇劑灌腸後的側照 X- 光片，星狀圖所在的乙狀結腸和降結腸被撐大，而箭頭所指的下端乙狀結腸和直腸則相對小很多。

可以看到小的直腸和部分乙狀結腸，再上去就是被先前累積大便及氣體撐大的乙狀結腸和降結腸。

在沒有揭開赫希朋氏病的謎底前，早期外科醫師也像瞎子摸象，以為脹大積了一堆大便的腸子是病竈（灶），切除就好。當然病人就完蛋了，因為近端正常腸子接到遠端看似正常卻沒有神經節細胞的腸子，結局當然不通！現代的小兒外科醫師多知道怎麼手術治療，但是，該用什麼手術式做？近端脹大的腸子要切多少？遠端沒有神經節細胞的腸子切掉後，有神經節細胞的腸子和吻合的直腸要離開肛門口多近？每一步都和病人未來是否能控制大便？能否順利排便習習相關。這還不包括有時會發生的且致命的腸結腸炎，以及非常長的結腸、甚至於整個大腸都沒有神經節細胞的處理。遑論有病人連大部分小腸也沒有神經節細胞，他的生命在哀嘆聲中提早結束！

肛門閉鎖是另一讓小兒外科醫師頭痛的先天性異常。在第一章我們就見識過這樣的小朋友可能面對的人生。他應該是比較不幸的代表，因為肛門閉鎖的嚴重程度，差距非常大！可以從肛門位置離開正常應該在的往前一點，到整個末端直腸都沒有，大腸末端縮回腹腔。有的有瘻管，如果是女生，這瘻管可能通到會陰處、陰道口俗稱前庭的地方（圖 4.6），甚至於更高的地點。後者可能形成尿道、陰道及肛門從同一開口出來的泄殖腔異常（圖 4.7）。

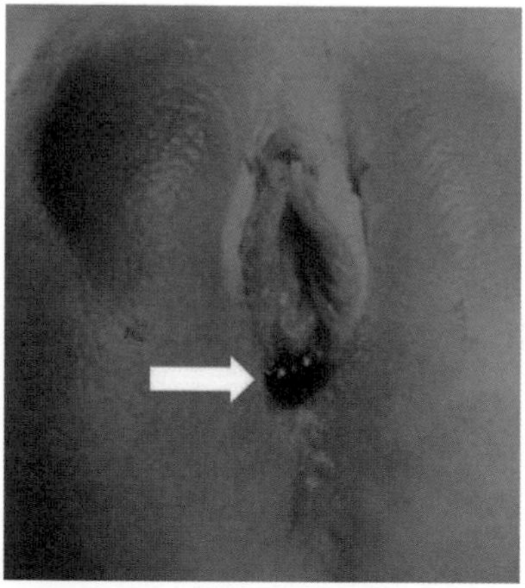

◀ 圖 4.6 這位肛門閉鎖小朋友的瘻管通到陰道前庭，有胎便從該處排出（箭頭所指處）。

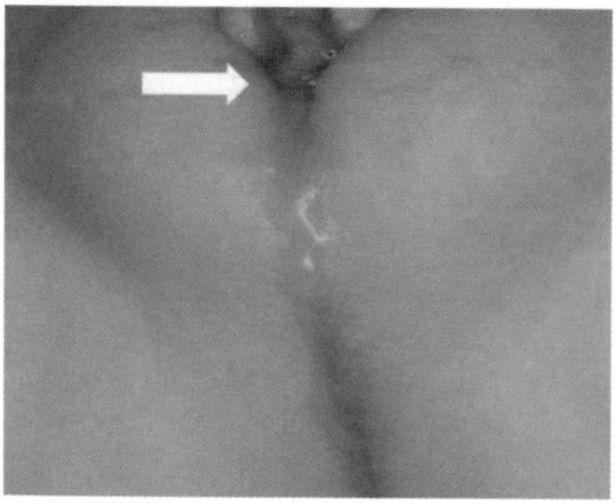

◀ 圖 4.7 這位小朋友是一典型的泄殖腔異常，箭頭指向尿道、陰道及肛門共同出口，有尿液流出。

如果是男生，瘻管可能通到會陰處或尿道，後者會發生胎便從尿道口排出的特別景象（圖 4.8）。

我們所示的幾張圖片，只能代表肛門閉鎖這一異常疾病的一部分。由於個體變異差別非常大，小兒外科醫師的治療策略就必須因人制宜。成語說：萬變不離其宗。這原本是道家哲學，指的是儘管外觀、形式變化多端，事務的本質或目的不會變。過去小兒外科醫師處理肛門閉鎖異常，常常在手術臺邊發呆，思索到底要從肚子或從薦（骶）尾骨下刀比較好，因為病人複雜的結構常使人拿捏不定。

原籍墨西哥的小兒外科皮納醫師（Alberto Peña），提出過去大家都不敢做

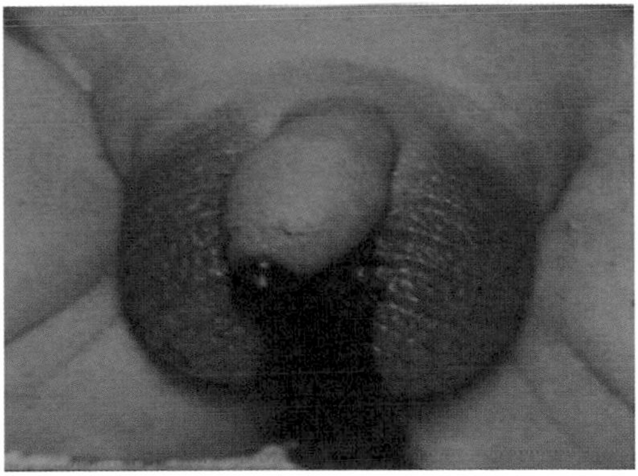

▲ 圖 4.8 這位小男生有肛門閉鎖合併直腸尿道瘻管，直腸內的胎便就經由瘻管從尿道口排出，景象很特別。

的、我稱之剖西瓜式的手術法。在病人趴著姿勢下，從薦（骶）尾骨到會陰，沿著正中線畫刀，如此，一刀剖開，既不會傷到從兩側來的神經及肌肉，還彷彿鞭辟入裡，直肛異常看得一清二楚！接下來重建直腸肛門，變數就比較大，後面章節會提到。無論如何，這單刀直入的做法，真像武林高手，讓小兒外科醫師跟著他的方法開刀，至少在前半部都能從容地進行！林口長庚醫院林哲男教授曾經兩次邀請他來台灣做示範手術，在二〇〇九年那一次，我們不僅見識到他的刀法不凡，在請他吃飯的席間，他居然可以用筷子挾起三粒並排、圓滾滾的花生，我們想比照做卻都失敗。其用筷的手法及定力，一如其用刀治療直肛異常小孩的功力，令人折服！

話說回來，病人有沒有很好的肛門括約肌，甚至於很棒的感覺統合能力，就看老天爺賞不賞光。所以，這類小朋友的排便，無法完全取決於小兒外科醫師的刀法，雖然後者也非常重要。直肛異常小朋友的悲情，還因將近半數病人會合併其他先天性異常而雪上加霜！

正是「天造機構不如意，貨暢其流何其難」！排便能否順利，對很多生來無異常的人，已經構成日常生活上的困擾。對於排便結構生來就迥異於常人的患者，更是一輩子殘酷的考驗！雖然很多病人生活起居和一般人沒兩樣，仍有像第一章所舉患者天天為排便奮鬥。

撒滿腹腔像珍珠，非關癌症令人驚

上述如「驚異奇航」一般地介紹先天性異常疾病，也許帶給讀者非常沉重的感受。小兒外科醫師面對的病真的非常複雜，不但足以讓我們活到老、學到老，有的像泄殖腔異常，筆者也曾為了如何將她一次手術治療好，左思右想，輾轉難成眠，令我非常煎熬。不過，有些意想不到的狀況，事後想起，真的不須那麼悲情。只是第一次面對時，有「只是當時已惘然」的錯愕感，就像莎士比亞一齣戲「All's well that ends well」所明示的：結局好，一切都好！下面介紹一種腹腔腫瘤的特殊表現，即使對於處理過很多類似腫瘤的小兒外科醫師，也會拍案稱奇。

兒童身體也會長瘤，而且多和成人身上碰到的很不一樣。以腹腔為例，比較常見的實質固態瘤有腎臟長出來的威爾姆氏瘤（Wilms'tumor）和腎上腺長出來的神經母細胞瘤（neuroblastoma）。這兩種腫瘤發生的地點，比鄰而居，但是，居然像孔子說過的名言一樣：「道不同，不相為謀」！不僅各有特性，治療的方針及預後也非常歧異！無論威爾姆氏瘤或神經母細胞瘤，治療它們的專科醫師和學者，都可以講出冗長的故事，或寫出一本厚厚的醫學書籍。自然地，這裡就不需要錦上添花，深入討論。

女孩子的卵巢會長囊腫和實質固態瘤，也是我們這一行會經常處理的問題。這裡不講常見的卵巢囊腫或固態瘤，而是常見的卵巢畸胎瘤（teratoma），但出現罕見的狀況。畸胎瘤乃多能性原始生殖細胞或胚胎幹細胞所形成的瘤。雖然是單一腫瘤，成分卻多元，可以包含二至三個胚層組織，混雜聚集在一起。所以骨頭、軟骨、毛髮、腦、脂肪、皮脂腺、肌肉等等，可以隨意組合構成畸胎瘤。如果肢體軀幹形成宛若胎兒，就變成胎中胎，意思是正常胎兒軀體裡頭有像胎兒的畸胎瘤。筆者曾經處理過胎中胎，但是這裡不提它，因為它是良性腫瘤，手術拿掉就好。

我講的兩個病例，都發生在距今三十年前。第一例是五歲的女生，因腹脹入院，肚子很容易就摸到一顆很大的腫瘤。腹部X-光片及超音波檢查發現有鈣化及非鈣化的成分，還有腹水。和惡性畸胎瘤相關的胎兒甲蛋白指數倒是正常。手術進去除了先引流出五百毫升的淡黃色清澈腹水，映入眼簾的是一顆有十二公分大小且爆開的卵巢畸胎瘤。更想不到的是像珍珠一般顏色及大小的顆粒狀腫瘤，鋪滿整個腹腔，包括腹壁及大網膜（圖 4.9），整體樣子和成人的「腹膜癌病」（peritoneal carcinomatosis）簡直沒兩樣。病理化驗確認是畸胎瘤，而像珍珠的顆粒則是膠質瘤（glioma）。儘管胎兒甲蛋白正常，當時和兒童血液腫瘤科醫師討論的結果，還是給予化療一年，停藥再追蹤近兩年都無恙。

不久以後，又有一名十四歲的女生，挺著已經存在四個月、但無痛感的腹部腫瘤來就醫並住院。和前一例一樣，體重並未減輕。檢查發現一如前例，但多了電腦斷層掃瞄。手術引流出一千七百毫升的淡黃色清澈腹水，爆開

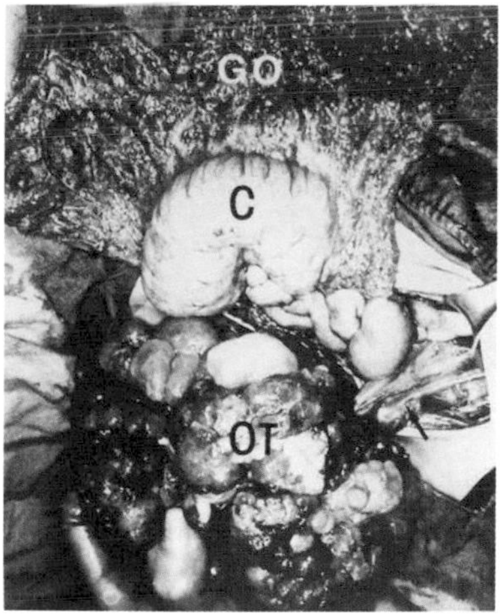

圖 4.9 這位女生肚子下方被卵巢畸胎瘤（標示 OT）占據，翻開大腸（C）上的大網膜（GO），發現上面鋪滿像珍珠一般顏色及大小的顆粒狀腫瘤（黑白照片顯示的白點）。

的卵巢畸胎瘤有十九公分大小。腹腔一樣鋪滿珍珠一般顏色及大小的顆粒狀腫瘤。由於有前一例的經驗，手術拿掉卵巢畸胎瘤後，沒有進一步再做化療。

事實上，多年以後再追蹤她們，也都安然無恙，顯示和膠質瘤和平共存！疾病的多樣性，在此展露無遺。

小腹故事多，如月有圓缺

已故歌星鄧麗君唱紅很多名曲，其中之一是「小城故事」，由莊奴作詞，歌詞是「小城故事多，充滿喜和樂……」聽起來非常溫馨感人。

兒童的小腹故事也很多，前面已經講了一些，最後壓軸的先天異常，出場一點都不像「小城故事」那般溫馨感人，反而很嚇人。就算自己從事外科，在當住院醫師的時候，第一次看到一堆腸子跑到肚子外面的新生兒，也幾乎不敢相信有這樣的小朋友，他活得了嗎？這是典型的裂腹畸形（gastroschisis）

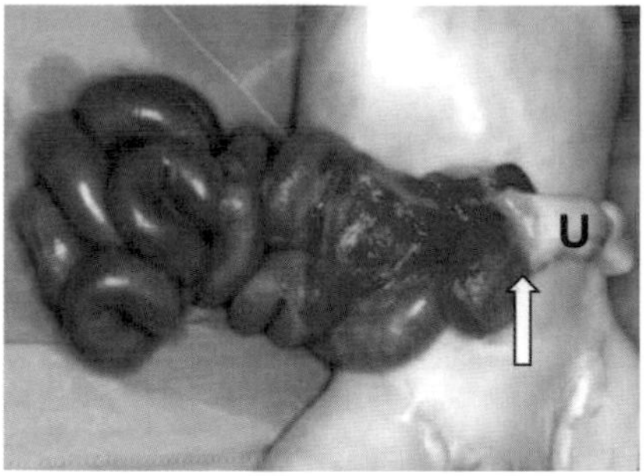

▲ 圖 4.10 典型的裂腹畸形案例，腸子從肚臍（U）右側的缺口（箭頭所指處）跑出到體外，腸壁很肥厚。

案例（圖 4.10）。

後來自己從事小兒外科這一行，久而久之，不僅見怪不怪，深入了解後，才發現這先天異常，就像空腸或迴腸閉鎖，是胎兒在媽媽肚子裡面，不曉得什麼原因，在肚臍右側供血出了狀況，腹壁缺了一塊，腸子「破門而出」，因泡在羊水裡面，腸壁變厚，甚至於糾結在一起。另外，因缺口多在二至五公分間，出口小也可能造成胎兒腸子血液循環不良而腫脹。

圖 4.11 的小朋友，是圖 4.10 同一位病人術後恢復過來的照片。為防傷口關不牢，當年用的縫線比較粗，傷口稍微不好看。臉則因病人比較長時間依靠靜脈營養，一度缺鋅而有皮膚炎。補足鋅後皮膚炎就自然消退，小朋友恢復後和一般孩子沒有兩樣。事實上，裂腹畸形看起來很嚇人，但是，除了少數合併小腸閉鎖或其他腹部問題，它非常少合併其他器官系統的異常，多數病人恢復良好。長大後，衣服一穿，走在路上，和你我沒什麼分別。

相反地，臍膨出（omphalocele）從肚臍中間冒出來，是典型的胚胎早期發生的異常，因此，合併其他器官系統異常甚至於染色體異常的比例非常高。腹壁缺口的大小，在臍膨出差距非常大，可以從三、四公分到十公分都有。像圖 4.12 小朋友的缺口達九公分。缺口越大，跑出來的臟器越多，就越不可能一次關回去。像我們這位小朋友就須要用到合成的塑膠膜，做成像裝穀物的筒倉，將無法裝進肚子的腸子，先裝在筒倉內，懸掛在病人身體上面（圖 4.13），外面再罩一層紗布。一方面避免感染及體液、體溫流失，另一方面，利用重力及肚子隨時間逐漸加大容量下，腸子逐漸掉下去。一般大約一星期到十天左右，就可以到開刀房把腹壁縫合。

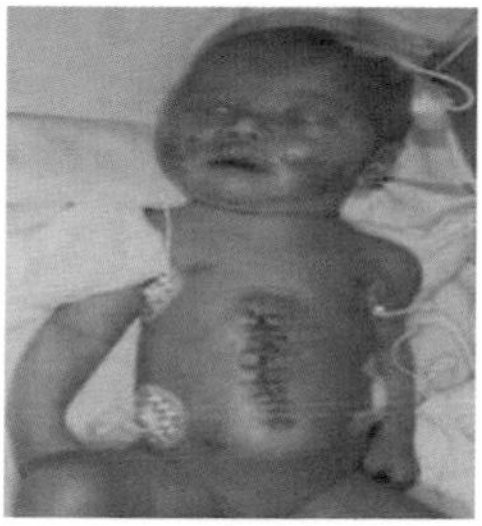

圖 4.11 同一位小朋友術後照，除了傷口稍微不好看，臉因一度缺鋅而有皮膚炎，從他的神情看出恢復良好。

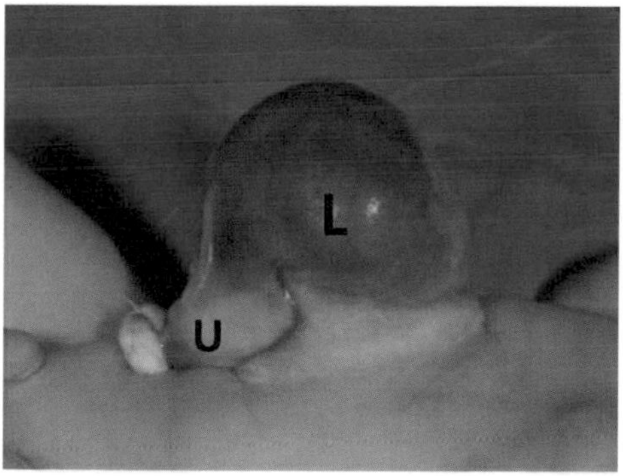

◀ 圖 4.12 一臍膨出案例，肚子的腸子及肝臟（L）直接從肚臍中間很大的缺口跑出來，上面蓋著羊膜及腹膜形成的半透明薄膜，肚臍末端（U）仍在。

宋朝蘇軾有一首詞，絕大多數人都能朗朗上口：「人有悲歡離合，月有陰晴圓缺，此事古難全。但願人長久，千里共嬋娟。」我們都知道月有圓缺，絕少人知道人的肚皮也有圓缺。此異常有的術後病人宛如重生，全家重獲團圓；有的仍留一點遺憾，至今仍難全。

兒童腹中容百病，我們能提到的只占其中一部分。比較常見的像急性闌尾炎、腸套疊或梅克爾憩室出血發炎等，不克繼續講述，否則各位讀者會嫌累贅。至於身體最大的器官肝臟和它關係最密切的膽道系統，在兒童身上製造的問題，則需另闢地方，於下一章好好地討論。

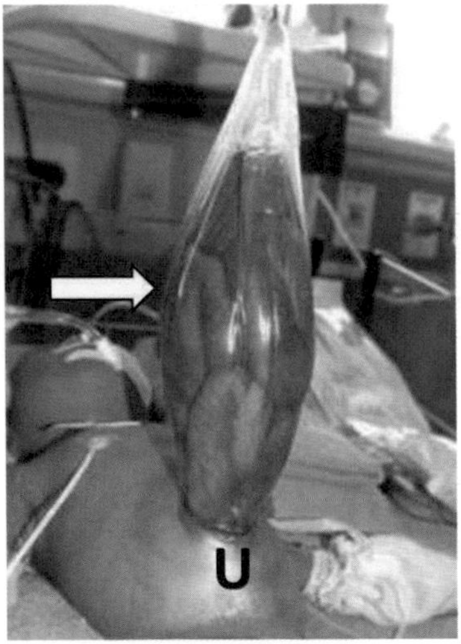

◀ 圖 4.13 前圖小朋友因為跑出體外的臟器太多，無法一次完全擠回肚子，除了肝臟及部分腸子先回去，其他先裝在半透明的袋子裡（箭頭所示），懸掛在病人身體上面，形狀像裝穀物的筒倉（silo）。

第五章——肝膽本是同根生，膽道閉鎖相煎急

肝膽本是同根生，何事致令相煎急？

《三國演義》記載曹丕嫉妒其胞弟曹植的文學造詣，藉機下令曹植七步內完成一首詩，詩文可含兄弟之情，但無兄弟二字，否則將其處死。曹植感嘆兄弟相殘的悲哀，道出：「煮豆燃豆萁，豆在釜中泣；本是同根生，相煎何太急。」曹丕聽完自覺慚愧，於是將胞弟放過。

同根生而相煎的故事，當然不只發生在兄弟之間。身體每一個器官的運作，都牽動上下游甚至於遠端的器官，影響所及，一個器官故障或壞了，和它互動密切的器官也遭殃，很自然地就相煎了。只是其他器官系統上演相殘的故事，不如本章肝和膽那麼激烈。只要稍有國學常識的人，信手拈來，都可以舉出國人常用和肝膽相關的成語，例如肝膽相照、肝膽照人、披肝瀝膽或忠肝義膽等。這些成語都反映肝和膽的連動密切，也都把肝膽互動比喻好兄弟，互相輸誠。令筆者好奇的是：為何不曾詳細研究解剖學的古人，這麼清楚肝臟和膽道系統相依為命的運作？

肝臟分泌膽汁，膽道系統義不容辭地把它暫存，並且在最適當的時候釋出，幫助消化。合作無間的肝和膽也會出狀況。在成人，發生在膽道系統的狀況，以膽結石、膽囊炎及膽管癌等最常見。它們對肝臟確有影響，但多說不上「相煎何太急」，因為這影響多數是緩慢或輕微的。

但是在兒童，至少有一種病，也就是膽道閉鎖，不僅來勢洶洶，對肝臟的破壞也毫不手軟，病程的發展正應了曹植七步詩所言：「本是同根生，相煎何太急！」膽道閉鎖，顧名思義就是膽管在生後完全堵塞，膽汁無法排出，不僅造成病人黃疸，肝臟很快發炎、纖維化。若不及時介入處理，很快演變成肝硬化，多數病人在一歲半以前就肝衰竭死亡！如此相煎急不急？各位心中立即有譜了。

踏破鐵鞋無覓處，得來仍須費功夫

據稱南宋詩人夏元鼎創作出膾炙人口的絕句：「崆峒訪道至湘湖，萬卷詩書看轉愚。踏破鐵鞋無覓處，得來全不費工夫。」由於「踏破鐵鞋無覓處，得來全不費工夫。」通俗易記，成為一般人朗朗上口的成語。夏元鼎創作這首詩的原意指常人為得道，遠至甘肅省平涼市，位於絲綢之路西出關中的崆峒山，尋找高人指點迷津，因為崆峒山自古有「中華道教第一山」的美名。修道期間又皓首窮經讀萬卷書，讀到快變成書呆子。如此歷盡千辛萬苦，鐵鞋幾乎都可以踏破了，沒想到，得道與成佛，竟然只在一念之間！「得來全不費工夫」是領悟後的寫照，雖然很無奈，但先前下的功夫仍然奏效！

膽道閉鎖是一種病，和得道成佛八竿子打不著關係。但是，仔細探討下去，可以發現它比理佛、成道還難理出一個道理！原因在膽道閉鎖有好幾怪，真的要讓我們這一行的醫生「踏破鐵鞋無覓處，得來仍須費工夫。」

首先，同樣有閉鎖之名，它卻和大家在之前學到的、從食道到肛門的閉鎖完全不同！從食道到肛門閉鎖，這些異常都很確定在出生之前發生，產前或出生當下，症狀、病徵都已經很明顯，幾乎不會錯過治療時間。相反地，膽道閉鎖的小朋友，產前沒有什麼徵兆，檢查也看不出異象，出生的當下幾乎都是正常的。這樣特殊的「閉鎖」到底是怎麼發生的？

所有膽道閉鎖的研究很像瞎子摸象，有些人看到一些和膽道系統發生早期上下游銜接不起來的異常肝膽病理徵象，認定它是胚胎發育不正常所引起。但是，膽道閉鎖的小朋友絕少合併其他器官系統的異常，兄弟姊妹會同時得到的機率極低，和先天遺傳似乎沒有多少關聯。不過，很多年前，筆者參加一次國外的小兒外科醫學會，聽到紐西蘭醫師報告，當地原住民毛利人發生膽道閉鎖的比例高出該國白種人兩倍以上。當時心想台灣人，無論是原住民或後來移居的漢人，已經混在一起數百年，多數台灣人也脫離不了南島語系的身份，我們的發生率的確高於西方國家，原因在哪裡？

這就牽涉到膽道閉鎖的另一成因，也就是生產前後嬰兒受到感染，特別和某種病毒感染有關，因為膽道閉鎖的病理變化，很像發炎造成的，或者說像某種病原菌摧殘過的痕跡。但是，我們一直抓不到元凶，因為發病時，病原體說不定已經被宿主幹掉，或金蟬脫殼走了。

但是受到傷害的肝臟，可以看到做案後留下的蛛絲馬跡。我們團隊發現先天免疫相關基因在其中扮演角色，最特別的是偵測單股核醣核酸的受體，我們稱它類鐸受體7（TLR7）的異常表現，令人想到病毒感染。因為以單股核醣核酸為生命骨幹的病毒很多，包括大家所熟知的冠狀病毒、C型肝炎病毒等，就屬於這一類。在膽道閉鎖病人，就有人發現包涵反轉錄病毒（retrovirus）等幾種病毒感染過的跡象。

此外，接收細菌感染訊號的細胞受體CD14，在身體對抗細菌上扮演重要角色。我們發現發生膽道閉鎖的病人和一般人比較，其調控CD14基因關鍵部位的組成鹼基不一樣。由於種族之間基因的變異性差距可以非常大，我們的發現似乎可以解釋為什麼紐西蘭毛利人和台灣人發生膽道閉鎖的機率高於白人。然而，上述羅列的研究成果，只能說是間接證據，我們仍缺乏令所有醫師都信服的直接證據！

膽道閉鎖使小兒外科、小兒科醫師困惑，不止在於成因介於先天發生失調或者病原菌闖禍之間捉摸不定，彷彿「羅生門」事件般撲朔迷離，其病程發展和治療對策更像變形金剛那般變幻莫測，難以駕馭！

凡所有相，非關虛妄；解開大便色相，曙光竟然浮現！

《金剛經》有一句佛陀說的話，凡修習佛學的人都必須參透：「凡所有相，皆是虛妄。若見諸相非相，即見如來。」佛家講的「相」，就是所有物體或事務表現在外的表徵，可能絢爛令人心曠神怡，也可能悲慘令人避之唯恐不及。但是，這些都像過眼煙雲，如果能參透這道理而不為所動，這個人已經到了成佛的境界，當然可以看到隔壁鄰居的如來。

如前一節所述，膽道閉鎖的成因已經令人困惑，它的病程發展和表現，一樣令人難以捉摸！多數小朋友在午後兩、三個星期，才逐漸出現徵兆，也就是大便變顏色。但這樣子的表現，不僅症狀不夠顯著，小孩子一樣能吃能喝，如果不是很細心的父母，常常會錯過。一般人的大便，因為有充分的膽紅素從肝臟釋出，經過膽道、腸道一系列的化學作用、攪拌之後，多呈現深黃色。但是這種顏色也不是絕對的，有時會偏綠或偏淺黃色，和食物種類及食物通過腸道的速度有關係。尤其小朋友的大便，更常變色，雖然幅度不大，也容易造成父母疏於注意。

由於膽道阻塞造成的黃疸，初期辨識不易，而小便呈現茶褐色也是比較晚期的病徵，膽道閉鎖的早期診斷，居然押在小朋友的大便顏色上，這也是膽道閉鎖的一絕！更是膽道閉鎖的「凡所有相」，「非關虛妄」，因為出生六十天內診斷出來，並且給予及時手術治療的小朋友，比起九十天才獲得診斷治療的結果，就有顯著的差別。後面會提出相關原因及數據佐證。

大便顏色這麼重要，到底什麼樣才是病態的顏色？最符合標準的答案是陶土色或灰白色，如圖 5.1 所示。很可惜，膽道閉鎖小朋友大便的「色相」，比想像還複雜許多。從陶土色到淺黃色、淺褐色，五花八門。台大醫院小兒科張美惠教授在多年前發現一般父母不容易辨識大便顏色正不正常，於是收集資料，把膽道閉鎖小朋友大便的顏色，和沒有膽道閉鎖小朋友大便的顏色，做成卡片，並且與國民健康署合作，放在兒童健康手冊裡，要求父母在日光或白色燈光下觀察孩子的大便顏色，如圖 5.2 所示。

因為這項措施，財團法人兒童肝膽疾病防治基金會展現他們針對民國九十三至九十四年在台灣出生的四十多萬名新生兒進行篩檢的成果，發表在國民健康署的官網上。在兩年

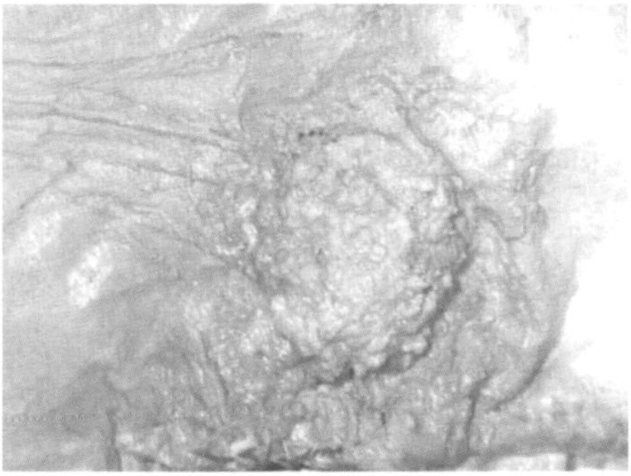

▲ 圖 5.1 一名將近兩個月大的小朋友，大便如上所顯示的陶土色或灰白色，後來診斷是膽道閉鎖。

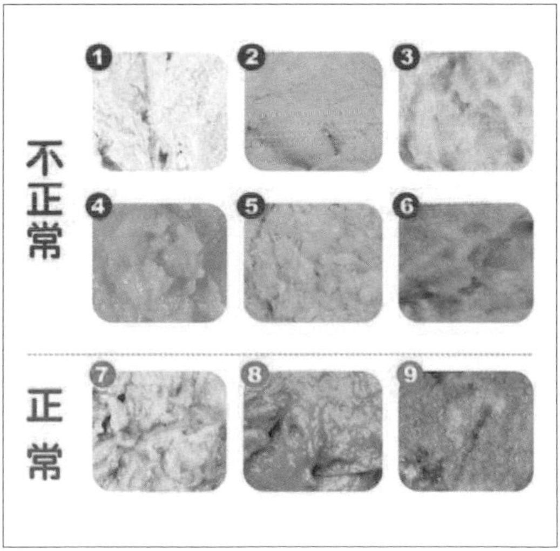

▲ 圖 5.2 國民健康署印製的兒童健康手冊裡，夾著一張大便卡，教父母辨識不正常（1 ～ 6）及正常（7 ～ 9）大便顏色。

間共篩檢出七十五名膽道閉鎖嬰兒，佔整體膽道閉鎖嬰兒的百分之八十四。由於早期發現，使病患在出生六十天內接受葛西氏手術比率，從九十三年之前的百分之六十提高至九十四年的百分之七十四；而術後嬰兒黃疸消退率由篩檢前百分之四十四進步到百分之七十二！

前段數據變化的意義及重要性，以及葛西氏手術這名詞，下幾節會進一步解說。看起來，諸相雖然未完全破解，解開大便色相，曙光似乎已經浮現！

和時間賽跑不能輸！

膽道閉鎖有好幾怪，除了前面說的特殊臨床表現是一怪，和時間賽跑也是另一怪。大家在日常生活裡，都曾經遇到廁所馬桶或下水道不通造成的不便，都會想辦法立即疏通，否則後果不堪設想。處於肝臟下游，負責疏通膽汁的膽道一旦閉鎖阻塞，直接受害的膽管會持續結疤萎縮，肝臟則發炎、纖維化到硬化，一刻也不停地持續進行。典型膽道閉鎖的病人，在出生兩個月大開刀時，肝臟觸摸起來已經很硬，其病理組織表現明顯纖維化、甚至於硬化。往後每拖延一天，肝臟受害到無法逆轉的機率就大一點。這當然讓小兒胃腸科醫師心急，因此張美惠教授的團隊研發出的大便卡，非常實用，其成效已如前述。

和時間競賽的另一重要原因，在於膽道閉鎖發炎引起肝臟外面的膽道組織萎縮，小兒外科醫師手術時要找到還堪用、可以引流膽汁的微小膽管。後者宛如在殘破的遺跡堆裡尋找堪用的寶物一樣，這點後面還會詳述。當然，發病時間的長短和殘留下來的膽管數量及大小，不無關係，因此令我們不能不急。

大便顏色異常，不是膽道閉鎖的專利！有一種和膽道閉鎖一樣原因不明的病會來攪局，它就是新生兒肝炎。新生兒肝炎比膽道閉鎖更常見，發病率幾乎是後者的五倍。名為肝炎，一般人很容易聯想到B或C型肝炎病毒引起的肝炎。雖然肝一樣會發炎、會腫大，但是新生兒肝炎獨樹一幟。首先，和膽道閉鎖一樣，病因不明，雖然有病例找到像巨細胞病毒等致病原，也有研究指出代謝異常或調控膽汁排泄的基因發生問題，但大多數病例找不到真正原因；其次，它發生在二～三個月的嬰兒，又類似膽道閉鎖，以膽汁滯留的阻塞性黃疸來表現，因此大便也會變顏色；最特別的是它的疾病發展和膽道閉鎖涇渭分明，膽道閉鎖是外科疾病，非及早手術不可。新生兒肝炎卻像來攪局的內科疾病，多數會發病一段時間後，自然痊癒！

新生兒肝炎還不是唯一須要和膽道閉鎖做鑑別診斷的病，只是限於篇幅，不克深入介紹各色各樣和膽道閉鎖相近的疾病。一種疾病近親那麼多，當然會造成我們診斷及治療上，非常大的困擾。

大便顏色改變旨在提醒父母，該帶孩子給小兒胃腸科醫師看了。接下來肝功能、腹部超音波、核子醫學甚至於比較侵入性如肝臟切片等檢查，一項接著一項，須在最短時間內完成，目的當然在決定病人要或不要送到開刀房前，能有更明確的答案。在腹腔鏡手術普及的今天，也有術前難以診斷的病人，到開刀房用腹腔鏡來診斷。

對很多人而言，時間就是金錢。對於膽道閉鎖的病人，時間就是生命，沒有輸的本錢！

閉鎖、囊腫雖同道，胖瘦結果大不同

膽道閉鎖不是現代才有的病，雖然西方白人得到這種疾病的比率比我們低，但是一八九二年就有文獻報告。直到一九二八年，才有小兒外科醫師「成功」治療比較少見的、當時文獻使用的「可矯正膽道閉鎖」。所謂「可矯正膽道閉鎖」是指膽道下端閉鎖，但靠近肝臟的上（近）端仍是通的，因此膽汁積蓄在上端。小兒外科醫師可以用小孩的一截腸子直接和上端還通的膽道吻合，膽汁就可以流通。

這種「可矯正膽道閉鎖」和另外一種膽道異常非常近似，後者就是膽道囊腫。膽道囊腫的病因非常特別，這要從正常人的膽管和從胰臟出來的胰管銜接說起。我們一般人的膽管末端和胰管末端銜接的地方在十二指腸壁，形成很短的共同管道，也就是乏特氏壺腹（ampulla of Vater），同時，因為受到十二指腸壁肌肉的約束，膽管和胰管分泌的膽汁和胰液，很快進入十二指腸並水乳交融，共同幫助消化。

但是在膽道囊腫的病人，其膽管末端和胰管末端銜接的共同管道偏高偏長，也偏離十二指腸壁，因此壓力高的胰管分泌的胰液，就像河水犯井水，流到膽管裡面不斷地破壞膽管黏膜和管壁，壓力加上管壁不堪經年累月摧殘，使得膽管逐漸擴大變成囊腫。圖 5.3 這樣子胖胖的外觀，和膽道閉鎖乾癟枯瘦的樣子，實在有天壤之別！

膽道囊腫發病過程相對比較緩慢，除了少數病例發病在生後一至三個月，而且以黃疸來表現，會和膽道閉鎖混淆。多數發生在一兩歲以後，以腹痛為

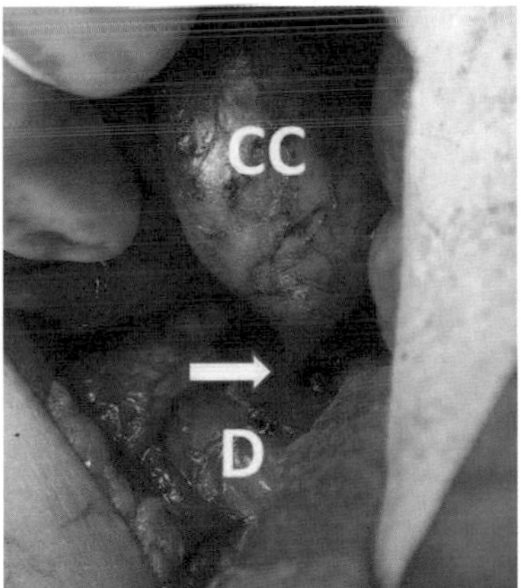

圖 5.3 一例典型的膽道囊腫病人，手術中的近照，在醫師戴手套的手指往後撥開肝臟下，可以看到擴大的囊腫（CC）至少有四公分寬，超出平常人不到零點七公分的直徑非常多。箭頭指向膽道囊腫末端進入胰臟即將和胰管接壤的地方。D 為十二指腸。

主，有時可以摸到腫瘤一樣的東西或間歇性黃疸。儘管膽道囊腫的病因很特別，對肝臟的破壞多數卻很輕微，因此除了少數病例有肝內膽管異常，引起發炎或結石，或者膽道阻塞來得特別早，宛如膽道閉鎖傷害肝臟，多數膽道囊腫的病人只要手術得當，術後成效多很好。

目前標準的手術做法是切除膽道囊腫及膽囊。後者雖然是無辜受到牽連，但是組織也多少受到破壞，何況它和膽管密切相連，根本無法獨立自存。切除膽道囊腫及膽囊後，一般會用一截空腸接到近端靠近肝臟、看來正常的膽管，如此引流膽汁才能一勞永逸。術後併發症，包括好發於膽道閉鎖病人的術後膽管炎，也極少發生。

外觀常常會欺騙人，在前一章先天性巨結腸症那一節曾經提過，在膽道囊腫這疾病也曾經重演，所以要特別提出來講一下。早期很多醫師對膽道囊腫的病因不了解，以為這脹大的地方拿來接腸子又方便又好用，就這樣做了。沒想到脹大的膽道囊腫，渾身是病，黏膜被破壞，膽管壁被結疤組織取代。經過幾年以後，當初擴張的膽道囊腫撐不下去，萎縮到幾乎沒有孔洞讓膽汁流通，病人開始腹痛、發炎、發燒、黃疸甚至於膽管結石，反覆發作，直到第二次手術，將萎縮乾癟的膽管切掉，腸子重新接到近端靠近肝臟、比較正常的膽管，才解決困擾的問題。

除了膽道囊腫會萎縮塌陷，製造上述問題，一個被破壞的器官終究有些會轉變成癌組織，所以必須一次手術就把有問題的組織切除，避免後患。

膽道閉鎖和膽道囊腫雖系出同源，無論病因或手術治療結果卻大不同！胖瘦不是永恆，瞭解背後原因才是決勝之道。

遺跡堆裡尋芳蹤，精準手術挽流通

如果膽道閉鎖的病例，絕大多數就像「可矯正膽道閉鎖」或膽道囊腫這麼容易解決，今天不會有這一章故事可以看。曾經有小兒外科醫師哀嘆膽道閉鎖是最令人絕望的病！各位請看一下一個膽道閉鎖病例手術時的照片（圖 5.4），就知道緣由了。

圖 5.4 所顯示的這名病人照片，就是超過百分之九十的病人的共通寫照！病人之間肝臟纖維化、硬化程度有分別，膽汁鬱滯引起肝臟變成黃色的深淺有差異，甚至於萎縮的肝外膽管留下多少疤痕般纖維組織量也不一樣，而且多數像圖 5.4 一般，肉眼根本看不出有膽管的跡象！這就是為什麼過去從來沒有小兒外科醫師認為在發炎過後萎縮的組織中，能找到引流膽汁的微小膽管，並且用腸子和它吻合後，居然有膽汁可以持續流出來。

曾做過第十三任美國衛生及公共服務部部長，

也是費城兒童醫院小兒外科主任的 C. Everett Koop，曾經有感而發地說：「肝臟外面沒有膽管的黃疸幼兒，是外科所有能夠治療的疾病中，最教人失望的一群！」道盡當時小兒外科醫師的絕望。

一九五七年，日本東北大學的葛西森夫（Morio Kasai）醫師，也許在偶然機會下，在挖出來的肝門處殘存並纖維化的組織中，放在顯微鏡下，看到圖 5.5 所顯示的微小膽管，認為有機會可以嘗試用腸子和它吻合，說不定膽汁會流到腸子裡。既然無路可退，他也大膽嘗試，

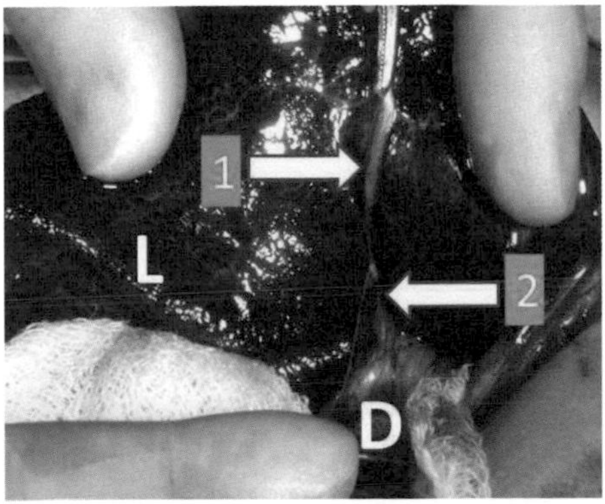

▲ 圖 5.4 一名將近兩個月大的小朋友，確診膽道閉鎖，手術中可以發現肝臟（L）上有斑紋，顯現纖維化跡象。一號箭頭指向萎縮成細條狀白色的膽囊，而二號箭頭指向肝臟門戶本來有膽管的組織，現在已經只剩一點疤痕般纖維組織，在藍色的門靜脈上。圖中 D 代表十二指腸。

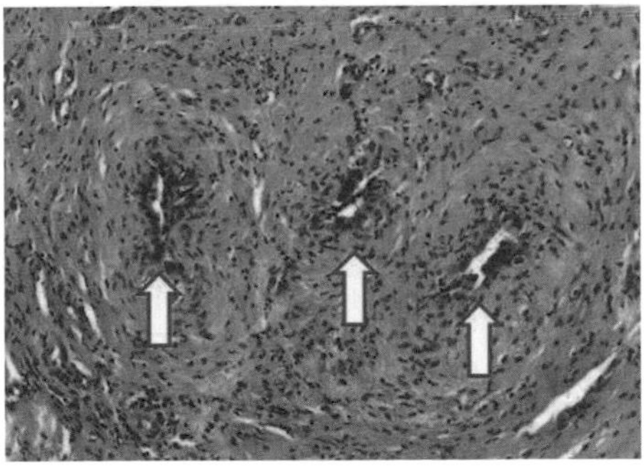

▲ 圖 5.5 一名確診膽道閉鎖的嬰兒，手術切下肝門處纖維組織，在顯微鏡下看到非常厲害的纖維化病變，中間可以看到三個微小膽管（箭頭所指）。

居然成功，病人膽汁持續流出來，有的黃疸退了，外觀和一般小孩子沒兩樣！

葛西森夫發表成果，葛西氏手術也自此一舉成名天下知，大家紛紛如法炮製。但是，結果卻良莠不齊，有的小兒外科醫師做幾例手術，發現成效不彰後，就乾脆放棄！

為什麼結果會有那麼大的差別？原因非常多，首先是肝門處纖維組織的微小膽管，肉眼是看不到的，但是在顯微鏡下，這些微小膽管的大小和數量，就有很大的差別。大一點的微小膽管可以超過兩百微米，小的可以在五十微米以下，差距非常大。有報告指出微小膽管的大小和數量，可以決定手術成敗。其次，小兒外科醫師手術時，切下來的肝門處纖維組織，應該當場請病理科醫師幫忙檢查有沒有微小膽管，因為切得不夠深，可能無法切到有微小膽管的地方，切太深到肝臟組織裡面也影響膽汁流通。真的是「增一分則太長，減一分則太短」！

當然，腸子要接到肝臟表面上什麼地方，要非常精確，不能錯過有微小膽管的組織，也不能離開它們太遠。說穿了，葛西氏手術就是精準手術的代表，當然也是現代流行的精準醫療的代表！

上面這些步驟都做到萬無一失了，膽汁也持續流出來，黃疸也逐漸退了，病人就能恢復正常了嗎？不少幸運的病人的確如此，但對將近另一半的病人及他們的父母，卻將面臨另一考驗，甚至於是惡夢的開始！

可恨菌生吻合處，悲情難止於開刀時

任何手術都難免帶來一些併發症，由於醫療科技的精進，許多併發症在減少，例如常見的傷口感染，或腹部手術後的腸粘連，都漸漸地少成為外科醫師擔憂的問題。

膽道閉鎖所以怪、所以難搞，也在於無法「一刀定江山」！也就是說，小兒外科醫師手術刀法再精準，也無法保證病人術後恢復良好。橫亙在後面的、最人的問題在細菌，而且是自家的細菌！更可以說：如果沒有葛西氏手術，就沒有細菌上門！這樣的說法，不是栽贓給救命恩人嗎？

很多人聽過鄧麗君的一首歌「恨不相逢未嫁時」，顧名思義，歌詞所要表達的是命運偏好作弄，使出嫁的人和無緣的情人無意間相逢，自然有吹皺一池春水的哀怨。膽道閉鎖病人接受葛西氏手術，膽汁從微小膽管流出，理應自此一帆風順，就像閨秀找到如意郎君出嫁。但是，一向相安無事地和我們共存的體內細菌，本來是我們代謝的幫手，居然選在膽道閉鎖術後，像無緣的情人上門來攪局。可怕的是，很多時候，這些細菌常常不只鬧一場！而且後果一次比一次嚴重，而葛西氏手術又是非做不可。所以攀上門來的細菌比無緣的情人更恐怖！

這就是令小兒外科醫師頭痛的術後膽管炎，過去一直稱呼它為上行性膽管炎，因為過去的醫師們多認為細菌是位於下游的腸子，在和靠近肝門處的膽管吻合時，把細菌帶上去，讓肝臟發炎，引起發燒、黃疸及菌血症，最後還使得好不容易重獲新生的微小膽管遭受蹂躪！

術後膽管炎可憎的是，發生機率高得驚人，大概每兩個病人有一個會發生！當然，它都挑膽汁流通良好的病人，這很容易就落實細菌是從下游腸子，一路沿著通暢的腸管游上去。因為只有流通良好的狀況，才能讓細菌有機可趁！細菌可以說來者不善，因為它們登門鬧事次數，有時多得驚人。筆者曾有一位病人，術後第一年因為膽管炎，前後住院超過二十次，等於是每兩至三個星期就來醫院報到。

各位一定很好奇，你們醫生不是一天到晚說預防重於治療，為什麼面對細菌引起的膽管炎，居然如此灰頭土臉、彷彿束手無策！為什麼不想辦法一次把它們殺光，或持續用抗生素把它們壓住？這些方法其實都在用，但是不能永無止境，尤其細菌殺死一批，另一批抗藥性更強的有可能取而代之。就在葛西氏手術問世沒有多久，所有執行過這手術的小兒外科醫師，都碰到同一問題，在單單用藥無法解決的時候，就用刀解決！

既然細菌是腸子吻合後帶來的，當然最有可能從下面闖進肝臟裡面作怪，這幾乎是大家的共識。於是各式各樣防範措施都出爐，有的醫師將用來引流膽汁的腸子先引流到體外一段時間，等感染鋒頭過了再接回原來的腸道。在這段時間，膽汁流到體外，一方面會造成體液的流失，另一方面，則造成腸子造口附近皮膚糜爛。膽汁可以收集再灌回小朋友的肚子裡，以減少體液的流失。但是整個照護過程非常煩瑣，也非常折騰病人、家屬及醫護人員，最後還證實無效！真要令人欲哭無淚。筆者經歷過這段歷史，回想起來還真的很慘烈！

之後，日本小兒外科醫師不屈不撓，繼續嘗試新方法。其中之一，是將引流膽汁的腸子延長，從大家比較常做的三十到四十五公分，一口氣延長到六十公分甚至更長，目的在讓細菌不容易「爬上肝臟」。當然，這招一樣不管用。我們都知道大腸容納大便，細菌多到驚人；相反地，小腸雖然也長細菌，量卻很低。原因很多，主要在迴腸末端和盲腸交接的地方，有迴腸盲腸瓣膜，使得蠕動慢儲藏大量細菌的大腸，沒有機會讓內容物包括細菌回流到小腸。日本小兒外科醫師也應用這概念，在引流膽汁的腸子內製造單向流通的瓣膜，讓膽汁可以流下來，細菌爬不上去。這一招看似非常高明，最終仍無法阻擋細菌入侵！

上述三種招式，在日本以外的國家都有人仿傚，包括筆者在內。可惜招數用罄，術後膽管炎還是一而再、再而三地發生。就在大家江郎才盡、束手無策之際，筆者不死心，用動物實驗去證明大家沒有想到的細菌藏身處，不在遠端的小腸裡面，而是非常靠近肝臟的膽管與小腸的吻合口裡面！亦即細菌大軍早已藏身木馬內，伺機攻進肝臟。

證據何在？首先，一如前述，平常時候小腸的細菌非常少，動物小腸組織取下給予定量培養，每一公克長出來的細菌不到七十顆。但是，膽管與小腸的吻合口，在手術後第一個星期取出來做定量培養，每一公克長出來的細菌最少將近四萬，最多達八億六千萬，平均也有八千多萬！其次，吻合口的細菌量和肝臟組織培養出來的細菌量成正比，而且兩個組織培養出來的細菌好像一個模子打出來的，也都是腸道常見的細菌。當然，隨著時間拉長，吻合口和肝臟組織培養出來的細菌量，也逐漸減少，和臨床上術後膽管炎發生頻率隨時間遞減吻合！

我們的研究為神秘又難纏的術後膽管炎揭開面紗，也終止無效的手術式去預防它。目前最可行的是改善縫合膽管與小腸吻合口的縫線材質，更有效率地使用抗生素，雖然不能完全杜絕術後膽管炎，至少發生頻率和對肝臟以及病人本身的傷害，可以儘量給予降低。

崎嶇路上有同伴，病友相會增信心

膽道閉鎖可以說是集好幾怪於一身的疾病，病因不明、靠大便變色幫忙診斷，治療須搶時間，因為膽汁鬱滯相煎急，很快弄壞同根生的肝臟，術後又有細菌來鬧事。前面提到膽道閉鎖病人術後靠微小膽管引流膽汁，這些顯微鏡下才看得到的管子非常怕細菌肇事，引起發炎，就像山洪暴發立即堵住小溪，不但黃疸立即捲土重來，肝臟的破壞也加劇。碰到這種狀況，小兒外科醫師必須分秒必爭、緊急處理。在最短的時間投入大量的類固醇，並且給予強效的抗生素，幸運的話，可以壓下發炎引起的傷害。前面提到那位術後第一年因為膽管炎住院超過二十次的小朋友，因為父母反應夠快，我們團隊的反應也夠迅速，肝臟的損傷居然很輕微。過了第一年，膽管炎就少發生，病人也自此恢復良好。

很可惜，不是每一位發生術後膽管炎的小朋友都獲得及時的處置，或者對處置的反應都一樣好。如此造成的後遺症，就是膽管再度阻塞。若病人夠大，或家長和照護的醫師不考慮再做一次葛西氏手術，剩下來的路就只有肝臟移植或讓病人自然離去。一般而言，如果小朋友在膽管炎發生前，膽汁流通良好，黃疸也退了，只因膽管炎造成微小膽管出口堵塞，再度造成黃疸，筆者會建議父母給小朋友機會，再做一次手術，將堵在肝門處的纖維化疤痕組織清除，腸子重接回去。筆者執行十例再一次的葛西氏手術，經過一段時間統計成果，發現有四例黃疸全退，小朋友恢復到和一般小朋友沒兩樣。有三例後來成功地接受肝臟移植手術，另外三例則死於肝衰竭。整體而言，執行再一次的葛西氏手術，給因膽管炎造成膽管堵塞的小朋友一次機會，值得鼓勵。

前面多提到膽道閉鎖的篳路藍縷歷程，容易讓人誤以為膽道閉鎖病人的前景堪虞。我們知道有近一半的小朋友術後膽管炎極少或從來不發生，除了醫生的手術技術也許會造成影響，個體基因及天生抗菌能力也很重要。事實上，我們的研究也證明後者的重要性，但限於篇幅就不詳述了。

由於葛西森夫醫師的重大發現，及後續日本醫師的風起雲湧，相繼投入膽道閉鎖的研究，並精進手術技術及照護，二〇二〇年日本的統計，如果在出生六十天內接受葛西氏手術的膽道閉鎖病人，有百分之六十可以靠自己肝臟（意即不須換肝）存活超過十五年，將近四成靠自己肝臟存活超過三十年，這數字應該很驚人吧！當然，出生超過六十天才手術的，結果會大打折扣，但是十五年及三十年存活率也達四成和三成！1

就手術成果而言，小兒外科醫師的技術和經驗缺一不可！像上述日本全國的統計報告，應該是全世界最好的，歐美國家難望其項背。台灣缺乏全國登錄數據，就個人經驗而言，雖然數目不多，成果也不錯，有超過三十歲在職場工作的成人，還有更多超過二十歲的成年人。他們都靠自己的肝臟生活，當然也有換肝而重獲新生的。

這一路走來，有很多刻骨銘心的事，想忘也忘不了。在台灣，肝臟移植手術是在一九九八年和肺臟移植同時納入健保給付。在這之前，肝臟移植要自己花錢，而且對一般民眾而言所費不貲。多年前有一位祖母，經常帶著孫子來看病。這孫子有膽道閉鎖，也做完葛西氏手術，初期膽汁流通還不錯，但是漸漸地，黃疸出現，在接近四歲時，已經有肝硬化合併肝衰竭的症狀。在最後一次門診，祖母帶著孫子來和我說再見，她說她不忍心看著孫子再承受一次開刀的痛苦，還要長期服藥。雖然我們一再勸她肝臟移植的成效不錯，我們也會在醫藥費上儘量幫她們，但是她堅決地說此生緣分已盡，在祖孫相擁哭泣聲中離開診室，令我們錯愕、鼻酸，愣在那裡好一陣子。

另一個故事，主角一樣是祖孫，這回是祖母照顧兩個月大、剛接受葛西氏手術的嬰兒。

術後第二天開始，每次我們去看他，都號啕大哭。頭兩天以為是傷口疼痛所引起，但是到第四天依然如此驚叫，祖母判斷他被我們嚇到，希望帶小孫兒到外面收驚。雖然半信半疑，想一想我們也真的找不出原因能解決這嬰兒的驚叫，當然就允許了。說來也真神奇，自從那以後，這小孫兒看到我們不但不尖叫，還面露笑容，簡直判若兩人！

無論是臨床或研究，膽道閉鎖可以說是筆者花最多心血在上面的疾病。儘管這條路很崎嶇，只要看到有小朋友恢復過來，像一般同年齡的孩子一樣可愛，所有的辛苦都可以拋諸腦後。尤其父母願意分享他們孩子成長的喜悅時，更令我們驚喜。曾有一位母親給我好多張她女兒可愛的照片，即使已經過了至少二十年，依舊珍藏在我的相簿裡，其中一張手拿著文旦柚子，頭頂著柚子皮，俏皮可愛模樣的照片，令筆者每回辛苦後看了她就疲累盡消。

有伴同行，碰到問題時可以互相切磋，在很多疾病召來的病友會或聯誼會，非常管用，膽道閉鎖也不例外。在小兒外科這領域，只有像膽道閉鎖這種疾病，家屬比較願意和自己的小孩子一起走出來，和其他家屬分享照顧經驗。交換的訊息五花八門，包括奶類製品、副食品、維他命、益生菌以及各色保肝食品、藥品等的使用，以及降低黃疸、預防膽管炎發生的妙方等。在一九九九年高雄長庚醫院舉辦的膽道閉鎖家屬聯誼會，有三十位左右的小朋友及家長參加。（圖 5.6）

由於有筆者及謝志松醫師的積極努力，以及陳麗雲專科護理師的幫忙，後續又有李信儀醫師加入團隊，將士用命下，那幾年我們經手並且成功地執行葛西氏手術，讓小朋友從黃疸及肝臟疾病中恢復過來的案例激增，因此，兩年後，在澄清湖青年活動中心舉辦的膽

▲ 圖 5.6 一九九九年高雄長庚醫院舉辦的膽道閉鎖家屬聯誼會，會後在兒童醫院門口合影。

▲ 圖 5.7 二〇〇一年在高雄澄清湖青年活動中心舉辦的膽道閉鎖家屬聯誼會，小朋友及家長連同醫院醫護及志工、社工人員，超過六十人參加。

道閉鎖家屬聯誼會，參加的小朋友及家長增加到五十位左右，連同醫院醫護及志工、社工人員，擠滿一地，可謂盛況空前。（圖 5.7）

儘管病友來相會，有助於共同攜手光明路，但因台灣出生嬰兒銳減，尤其南部更明顯，加上二〇〇〇年成立的財團法人兒童肝膽疾病防治基金會積極運作，包括膽道閉鎖在內的各種肝臟疾病有諮詢平台，我們成立的膽道閉鎖家屬聯誼會，也因此功成身退。

回首來時路，令人不禁感嘆「肝膽本是同根生，膽道閉鎖相煎急！」

第五章參考文獻：

1. Okubo R, Nio M, Sasaki H; Japanese Biliary Atresia Society: Impacts of Early Kasai Portoenterostomy on Short-Term and Long-Term Outcomes of Biliary Atresia. Hepatol Commun. 2020 Nov 8;5 (2) :234-243.

第六章——尿褲底下故事多，兒童私處學問大

男女共通在疝氣，撞見男性女兒身

無論是嬰兒的尿布或大孩子的褲子，底下潛藏著小兒外科醫師最常處理的問題。讀者很多都知道腹股溝疝氣、包皮、隱睪等比較常見的疾病，比較不常見的還有陰莖扭轉、陰莖隱匿、尿道下裂甚至於性別異於常人，通稱間性人（intersex）等問題。雖然比起肚子裡面的疾病，尿褲底下的題材看來不是很多，其實，如果要深入探討，會像迷宮一樣令人困惑。

以間性人這般生殖器官結構的異常為例，其複雜性遠超乎一般人想像。不僅在名稱使用上敏感，包括雙性人或陰陽人都曾經使用過，甚至於結構異常的範圍也大到驚人，有人統計可以高達四十種男女性器官特徵！若是經驗不足的年輕小兒外科醫師，第一次碰到，多半會不知所措。很自然地，選擇性別上也常常困惑家屬或當事人。這性器官異常引起的性別認同困擾，筆者雖然不乏經驗，但是不會在本章著墨太多、太深。也因為涉及部位敏感，這些小朋友長大後我們不會刻意去追蹤，除非有先前手術留下來的問題要諮商或解決。還好，比起從前，現代的社會對問性人已經相當寬容，令醫師們面對這樣的問題，處理起來，壓力就不會太太。

腹股溝疝氣是兒童最常見的外科問題，而且多以間接型腹股溝疝氣又稱「斜疝」（indirect inguinal hernia）為主。它是從骨盆腔的內環膨出到腹股溝，且位於腹壁下動脈外側。間接型腹股溝疝氣好發於兒童、青壯年，而且男女都有，根據健保資料庫一九九七年至二〇〇〇年小於十五歲孩童的資料，男生發生的比率足足比女生多八倍有餘。既然有間接型腹股溝疝氣或「斜疝」，當然也有直接型腹股溝疝氣或「直疝」（direct inguinal hernia）。後者是從下腹海氏三角（Hesselbach's triangle）也稱腹股溝三角膨出，位於腹壁下動脈內側，這種疝氣多因老化肌肉鬆弛無力引起，自然地好發於長輩，也不是我們要討論的重點。

腹股溝疝氣是常見且顯而易見的問題，所以在西元前一千五百多年的古埃及文獻，就有記載。在中國，秦漢時代的典籍也有類似記錄，當時稱為「狐疝」。這命名非常有意思，因為古人發現腹腔內容物，在人站立行走時會滑入陰囊，躺下來後則縮回到腹腔裡面，一如狐之出入無定！當然，病人哭號、咳嗽、便秘等腹部會用力的狀況，腫物會從腹腔衝出。

腫起來的內容物包括小腸或卵巢等等。在腫物還沒有卡住疝氣袋子裡面，也就是尚未發生「嵌頓疝氣」（incarcerated hernia）前，腫物按下去有如氣囊。所以疝氣之名，一如其實。（圖 6.1 及圖 6.2）

圖 6.1 及圖 6.2 舉男女腹股溝疝氣代表性的例子。無論男女，右側發生的機率高於左側。在胎兒早期，男性的睪丸在腹部，必須下降到陰囊才能完成整個發生過程。在移行時隨睪丸下移的腹膜，會形成鞘狀突起，稱為鞘狀突。多數嬰兒在出生那一刻，鞘狀突是關閉的，就不會有腹股溝疝氣的發生。但是有相當高比例的男生，出生時鞘狀突沒有關閉或閉鎖不全，就會形成腹股溝疝氣或陰囊水腫。腹股溝疝氣和陰囊水腫有些分別，後者只有水樣液體在袋子裡面，而且開口比較小，比較有自然消下去的可能。所以剛出生的嬰兒，除非合併疝氣，否則單純的陰囊水腫觀察追蹤即可。

女性沒有睪丸下降的問題，也就沒有鞘狀突，但是有子宮圓韌帶通往腹股溝，有時也帶出像鞘狀突的腹膜膨出構造，有的女生因此形成腹股溝疝氣，雖然比起男生機會少很多。

早產兒出生時，鞘狀突不閉鎖或閉鎖不全的比率，比起足月產的嬰兒高很多，也因此早產兒有腹股溝疝氣的比例自然地比較高。

腹股溝疝氣的內容物，以腹部靠近疝氣入口的小腸最常見，尤其在一兩歲以內的嬰兒，

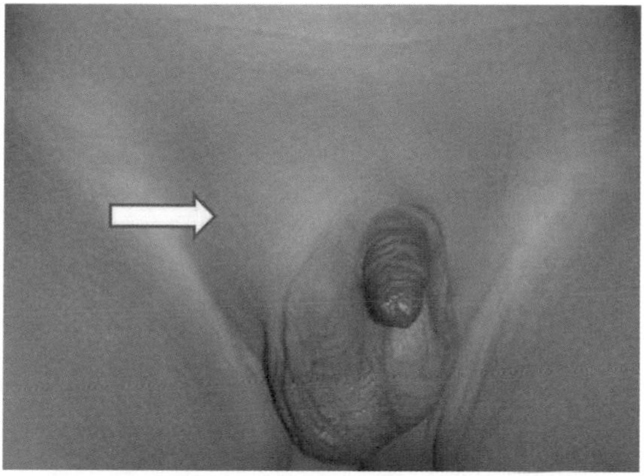

▲ 圖 6.1 圖示男生的右側腹股溝疝氣（箭頭所指處），比起左側，右側腹股溝明顯鼓起。

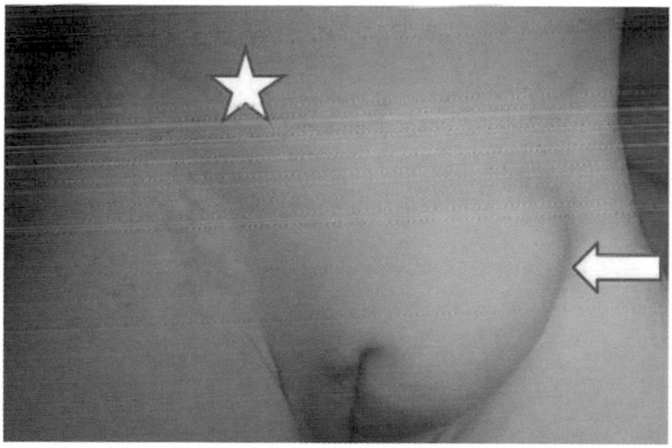

▲ 圖 6.2 術前顯示典型的女生腹股溝疝氣，箭頭所指處是比較明顯的左側疝氣，其實，這位小女生右側也有腹股溝疝氣（星狀圖所示處），只是比較不顯眼。

大網膜尚未完全鋪蓋腹腔時。女生則有相當高機會，卵巢會進入腹股溝疝氣。若是大朋友或成人，人網膜佔據腹股溝疝氣的比例就會增多。

不可思議的腹股溝疝氣內容物還不少，包括闌尾。在全民健康保險未開辦前，筆者碰到這樣的案例，和父母討論後，在關閉腹股溝疝氣前，免費幫小朋友的闌尾一併割除，避免日後發生闌尾炎。也有小兒外科界的同仁，在小朋友全身麻醉後摸到他腹腔有腫瘤，懷疑腹股溝疝氣袋子裡的內容物是腹腔腫瘤延伸下去，只好暫停疝氣手術，先檢查清楚腫瘤狀況再說。

最特別的是圖 6.2 這位女生，外觀和一般女性沒差別，連疝氣看來都很平常。但是兩側腹股溝都有疝氣，還摸到像卵巢的塊狀物在裡面，且出生後不久就發現。先前的經驗告訴我，裡面可能不是卵巢，而是睪丸！結果手術進去，打開兩側疝氣袋，發現結構像睪丸的物體。冰凍切片檢查證實是睪丸。由於事前曾經和父母提到不能排除他們的小孩是男性假性陰陽人（male pseudohermaphroditism），意即染色體是男性卻具有女兒身，他們也都能接受。既然外觀完全像女人，連戶口名簿的名字及登記的性別，都是女性，為避免青春期分泌睪固酮造成混淆，他們都同意摘除睪丸，術後染色體檢查確認是 46,XY。想當然爾，長大後給予女性荷爾蒙，仍能享受性生活，只是沒有生殖能力。這是間性人中的一種，因為和腹股溝都疝氣扯在一起，特別在這裡提出來，也讓讀者見識這只是眾多間性人特徵之一！

雖然在兒童眾多疾病中，腹股溝疝氣可以算是小病一樁，不過，一旦發生嵌頓疝氣，血液循環很快出狀況，輕則腫脹缺血，如果在六個小時內不去管它，有可能進行到卡住的腸子壞死，還連累到男生的睪丸或女生的卵巢。因為睪丸或卵巢的主要供血來自於後腹腔的血管，這些血管很細，也很容易被一起擠進疝氣袋的腸子壓迫，阻斷供血而壞死！圖 6.3 就是一位小男生發生嵌頓疝氣，時間太久導致睪丸缺血壞死，不得不摘除。女生一樣會發生嵌頓疝氣，導

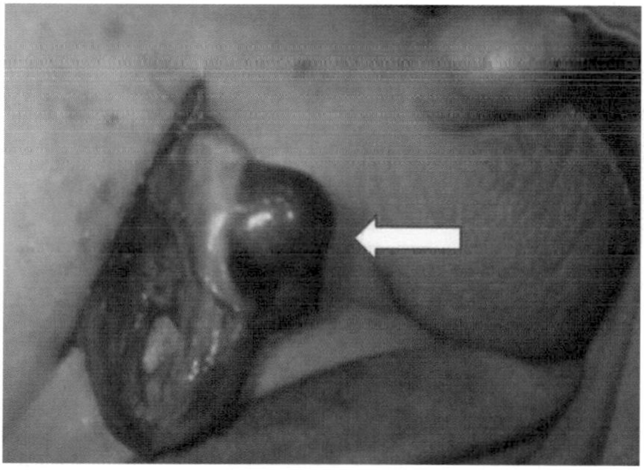

▲ 圖 6.3 男生的右側腹股溝嵌頓疝氣，睪丸因缺血變黑壞死（箭頭所指處）。

致像圖 6.4 卵巢缺血壞死。

絕大多數嵌頓疝氣，發生在兩歲以內的小朋友。一方面是因為這些幼小兒童，在發生嵌頓疝氣導致疼痛時，不會表達、只會哭泣，若父母不及時查覺，反而導致擠進疝氣袋的內容物卡得更緊。另一方面，缺乏大網膜佔據入口，小腸或卵巢容易進入疝氣袋，卻不容易縮回肚子。預防重於治療，現代的父母比較有危機意思，就算剛出生的嬰兒，一發現有腹股溝疝氣，多數會立即找小兒外科醫師治療，上述嵌頓疝氣導致睪丸、卵巢缺血壞死的狀況，已經很少見了。

隱睪常伴隨腹股溝疝氣，也是小兒外科醫師經常執行的手術。睪丸是非常特殊

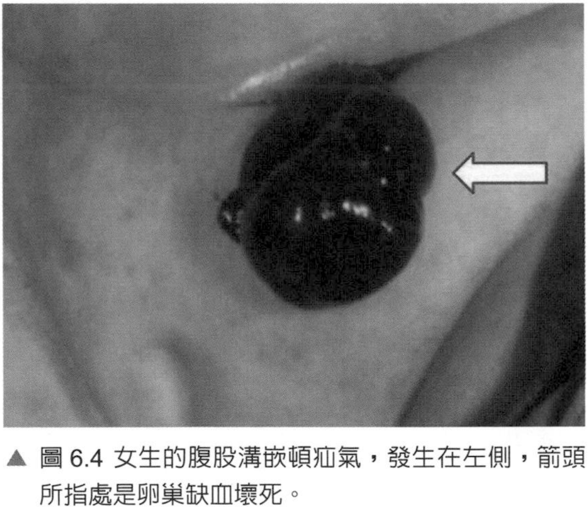

▲ 圖 6.4 女生的腹股溝嵌頓疝氣，發生在左側，箭頭所指處是卵巢缺血壞死。

的組織，要下降到陰囊的理由，居然是怕熱，當然，也應該怕冷。最適合它發育的溫度，是比體內核心溫度低一度左右。除非有其他原因，例如有發生嵌頓疝氣的可能，目前多主張在六個月左右手術，一方面修補疝氣，另一方面就是固定睪丸至陰囊。

古人稱腹股溝疝氣為「狐疝」，真是巧妙極了。狐狸狡猾，善於隱匿行蹤。多數腹股溝疝氣雖然顯而易見，但是仍有案例不像表相那麼單純！

割或不割，那才是問題！

莎士比亞在他知名的戲劇《哈姆雷特》中有一句經典的話「To be or not to be, that is the question！」翻譯成中文就是「做或不做，那確是問題！」《哈姆雷特》是人倫錯亂引起的悲劇，身為故事主角的王子，卻只能在苟且偷生和背水一戰中做出困難的抉擇！才會冒出那句話。一般人絕少會碰到類似的遭遇。但是，我們也有非常多的場合需要做出困難的選擇，這時會免不了想到莎翁名劇中那句經典的話，自我解嘲。

出生在第二次世界大戰後不久的我們這一代，可以說生活在物資缺乏、百廢待舉的年代，唯一不缺的是小孩子和朦朧未知的幸福感。由於食口眾多，逼得政府不得不祭出「兩個孩子恰恰好」的節育政策。孩子多、醫療又不發達，沒有幾個父母顧得了孩子的小毛病。除了比女生多出前面那一根，方便站著小便，壓根兒就沒有幾個長輩想過男生包皮的問題。男孩子小時候不是穿開襠褲，就是根本沒有褲子穿。當然就沒有尿布包著讓大、小便同流合污的問題，這一點，筆者認為非常重要，因為它牽扯到包皮或尿道炎，以及割或不割包皮的千古難題！

包皮反過來就是皮包，雖然比喻上有點不倫不類，卻分別是男女日常生活話題的焦點。只是包皮的定名不夠精準，造成一般民眾使用上的混亂。包皮對應的英文字是 foreskin，正確翻譯應該叫做「前皮」，指的是包覆在陰莖前端，也就是龜頭部分的那塊皮，而不是包覆整隻陰莖的表皮。割包皮自然地指的是割掉包覆龜頭那部分的皮。由於一般人對包皮認知不清，割包皮這件事就非常容易變成雞同鴨講的事！

首先要弄清楚的是包皮過長這個名詞，包皮怎麼樣才算過長？它是一種病嗎？其實這在醫界也沒有標準答案！包皮是自然產物，就像花瓣包住花蕊一般。筆者認為在我們小時沒褲子穿的時候，包皮包住龜頭，保護地上爬的小男生，不讓髒東西馬上進入尿道，是救命的一層保護膜。等小孩長大，站得起來，包皮也慢慢打開。一般到成人，百分之九十九的人可以全開，就脫離包莖的境界，也就是包皮不再緊緊包住龜頭的意思。圖 6.5 就是一例包莖個案，這小朋友還可以看到包皮垢（smegma），下一節會說明。

包莖會不會讓小便小不出來，或比較容易造成感染，是很多家有男寶寶的家長都關心的問題。很不幸地，即令醫界，目前仍有很多醫生主張包莖就是病，包皮不能翻開清洗就會造成感染，很多小男生就在這奇怪訊息下，淪為父母或一些醫生雙手下的犧牲品，包皮硬被扯開以清洗包皮內側或龜頭，殊不知這動作讓小孩傷害有多大，疼痛有多深！這中間最大的鴻溝就在人們對包莖及包皮垢的認知。

前面說過，包莖就是包皮緊緊包住龜頭，不容易翻開看到尿道口。多數情況下，它不會影響小便順利排出。像圖6.5這位小朋友的包莖，造成包皮開口緊縮，影響小便困難的情況並不多見。這樣的情形下

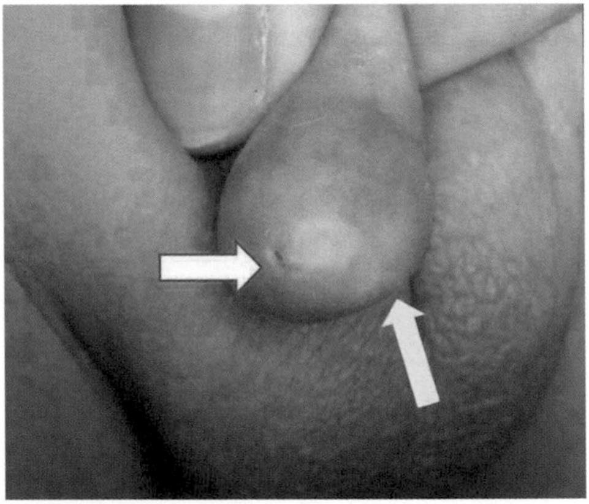

▲ 圖 6.5 圖示男生有包莖，白色箭頭指出包皮開口細小，影響小便。黃色箭頭指向龜頭近端冠狀溝處有白色塊狀物，是包皮垢。

割包皮自然順理成章。有些小朋友小便時，陰莖前端像吹氣球一般鼓起來，接著小便才排出來。這過程如果很順利、很快完成，鼓起來的地方也很快消下去，就不必急於一時割包皮，因為孩子大一點，包皮開口就會像花瓣一般逐漸打開，上面看到的現象就消失了。

包皮垢這名稱很容易令人想到藏污納垢，的確它那白色有時軟軟的樣子，從包皮洞口排出，很容易被誤認為發炎流膿出來。除非合併局部紅、腫、熱、痛，表示真的發生尿道炎或陰莖包皮炎，當然就要介入處理。否則這白色物質只是包皮內側皮脂腺排出的皮脂堆積所造成，量多時，常常會像擠牙膏一般被擠出到包皮開口，造成像膿一樣的假象。隨著孩子長大，包皮像花一樣綻放，包皮垢堆積的現象就少見了。

現代小孩出生即開始包尿布，其實非常不自然，因為尿布把尿屎包在一起有機會同流合污，尤其嬰幼兒，小便及大便口靠得很近，大便出來留在尿布沾染到尿道口的機會自然很大，容易形成尿道炎也不稀奇！這也可以解釋為什麼小孩尿道炎，在嬰幼兒比較多，而且多數是腸道細菌，尤其是大腸桿菌所引起，近水樓台不先得也難！

洗包皮的動作更是以訛傳訛，毫無根據。一般兒童小時，包皮仍包住龜頭，每次小便，尿液都會將包皮內面沖洗一遍，而一般尿液是無菌的。相反地，我們的自來水充滿細菌，每毫升可以從十萬到百萬顆不等。即令可以生飲的水，也不乏上百顆細菌。以如此有菌的水洗包皮，有時反弄巧成拙，造成感染。而掀開包皮造成的裂傷，有時會讓小孩折磨很長一段時間。所以，孩童時期順其自然，盡量教育大一點的孩子多喝水、勤尿尿，尿後小雞雞甩乾淨，有這樣習慣的小孩顯少發炎。還包尿布的小朋友，只好勤換尿布。等孩子長大，包皮自然打開了，陰部分泌物也增多了，這時候反而要勤於清洗。

至於要不要給男孩子割包皮，什麼時候割最恰當，也是爭議不斷的問題。過去主要的爭議點在嬰幼兒尿道炎，一直認為與包莖有關，但這方面的證據也很薄弱，因為其他因素如尿布的問題，可能才是重點。所以即使因猶太人影響，使新生兒割包皮最多的美國，在最近二、三十年反對割包皮的聲浪也大。至於因男人包莖容易造成婦女子宮頸癌，則已經證實是不實的論調。目前還站得住腳的是，割包皮有助於減少性病，或減少男生發生陰莖癌。

個人認為，確有因包莖造成感染的嬰兒，可以在六個月到一歲間在全身麻醉下給予割包皮，否則最好在小學五、六年級以後，懂事的階段才做，後者可以在局部麻醉下完成。半大不小的小孩，割包皮的痛，對他們是刻骨銘心的經驗，其悲慘非一般家長所能體會。大孩子或大人因為包皮藏污納垢，味道不好，若嫌清洗麻煩，這時候接受割包皮，也就是做包皮環切術，才能真正體會割過包皮的好處。

我是一隻小小小小鳥？

歌手趙傳有一首歌「我是一隻小小鳥」，相信讀者群中很多人聽過，甚至於耳熟能詳。坦白說，這歌詞還蠻感人，其中重複強調「我是一隻小小小小鳥，想要飛呀飛，卻飛也飛不高；我尋尋覓覓尋尋覓覓，一個溫暖的懷抱，這樣的要求算不算太高？」

趙傳這首歌的「小鳥」，應該是借用天上飛的真正的鳥，比喻人想要飛卻飛不高，也想要溫暖的懷抱，充分反映個人的期盼，這樣的要求的確不算太高。但是，在國人眼中，「小鳥」也可以代表「那話兒」，難免有人因此意有所指。「那話兒」製造的話題，從小不斷！阿公阿媽看孫子的小鳥，眼神充滿傳宗接代的期盼；父親看兒子的那一隻，則常以自己的尺度來丈量；而母親則經過多番比較孩子兄弟或別人家同齡男孩規模後，以憐憫和疼惜的心情，解讀骨肉身上的寶貝。在兒童外科門診，最常接觸的話題之一，就是幫爸爸媽媽／阿公阿媽解決他們孩子或孫子陰莖尺寸的「迷思」。

人有百百種，這是大家都懂的道理，但若說到寶貝的「小鳥」也有百百種，則家長多抱持不以為然的態度，彷彿天下鳥族應歸於一統，大小樣子，最好由一個模子製造出來才可以。女人的三圍和男人的那話兒，都牽涉到一個敏感的問題：就是尺寸。為了給父母確切的答案，我們丈量小男生的小寶貝時，必須掀開褲襠，好好地從恥骨量到龜頭的末端，才能得到精確的數字。坦白說，在閱歷過數不清的小鳥後，就尺寸而言，需要父母擔心的，千人中不到一個。這千分之一擁有所謂「麥克雞」（micropenis）或微小陰莖的孩童，其陰莖長度小於兩公分，直徑也在一公分以內。這種微小陰莖的問題，鮮少發生於一般小孩身上，比較可能在尿道下裂或其他泌尿生殖系統有異常的孩子身上發生。即使在後者也不是那麼常見。

一般最常被父母長輩關心寶貝太小、怕不成器的問題，反而多因孩子寵幸太過、肥胖加身，小鳥隱匿在恥骨前的油堆中造成。若詳細追問下去，這樣的小朋友，多半出生時候沒有小鳥的問題，而是後來體重一路往上爬，小鳥就一路往內縮。如果父母急於解決，最快方式是飲食控制或減肥，但是效果有限。其實，這種問題在孩子的年紀大一點，恥骨前的脂肪少一點，陰莖也開始伸長冒出來後，就迎刃而解了。

不幸的是，我們也碰過父母不明就裡，以為割包皮就可以讓隱匿的小鳥露出來。若他們先前碰到的醫師順應要求把包皮割了，反而讓小鳥深陷皮下組織裡面，因為結痂關係更掏不出來，外觀問題沒有解決，反而小便造成困擾。這樣的情況若不幸發生，筆者會告誡父母必須等陰莖長大冒出來，才可以進行第二次手術化解。（圖 6.6）

由於孩子生得少，我們更有機會看到出生不久的男生被帶來求診，也是陰莖隱匿，外觀只看到一團表皮皺縮在一起，如圖 6.7 所示。這是另外一種陰莖

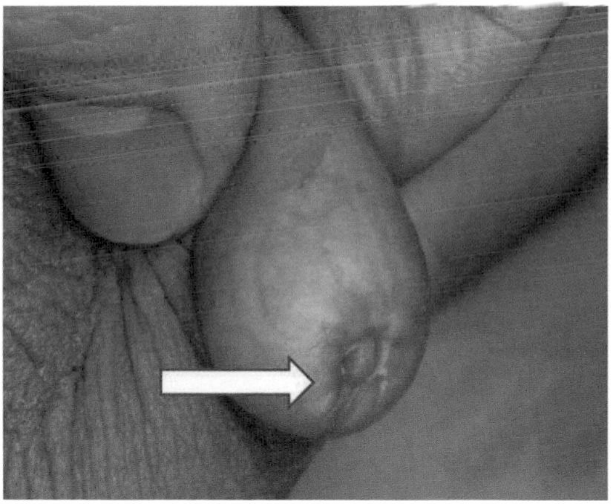

圖 6.6 這位小朋友陰莖因為肥胖隱匿，不幸割了包皮，結痂後縮進皮下組織內，等幾年後陰莖冒出來，才再次手術解決困擾。箭頭所指處是陰莖表皮結疤，使得龜頭及尿道口只露出一個小洞。黃色部分是消毒用的優碘蓋在皮膚上。

隱匿，筆者習慣稱之埋藏式陰莖（buried penis），因為它非常像尚未出青的竹筍，埋在土堆中無法出頭天。這是因覆蓋在陰莖上的表皮，未能從根部即緊貼在陰莖上，形成陰莖埋藏在皮下組織，外觀只看到一團表皮蓋在上面。這樣的狀況，手術是最好的良方。筆者創造的手術式，給予埋藏式陰莖拔地而出，重見天日，就像圖 6.8 所示。術後外觀改觀，就如同一般兒童割過包皮。

男孩陰莖的成長，常常和他體形的成長不成比例。在青春期前，這是很正常的現象。現代的父母或祖父母，在孩子孫子只有那麼少少一兩個的情況下，重質不重量，不能輸在起跑點的心理，可以預見。口頭上盼望孩子早日成長，腦海裏恨不得揠苗助長。這也是我們門診常需要克服的問題。

除了尺寸，形體有別也是話題之一。最常見的形體異常，應屬尿道下裂，下一節會有專文探討，此處不提。另有一個常常碰到，也有時被父母注意到的問題，就是陰莖扭轉。陰莖向左轉，包皮開口卻朝右，導致砲口失準，小便常射到右腿。（圖 6.9 及圖 6.10）有的媽媽注意到大孩子的小便射偏了，還以為孩子不會端槍瞄準的關係，卻不知道是小鳥偏向造成。還好，這個問題不大，可以門診手術解決。

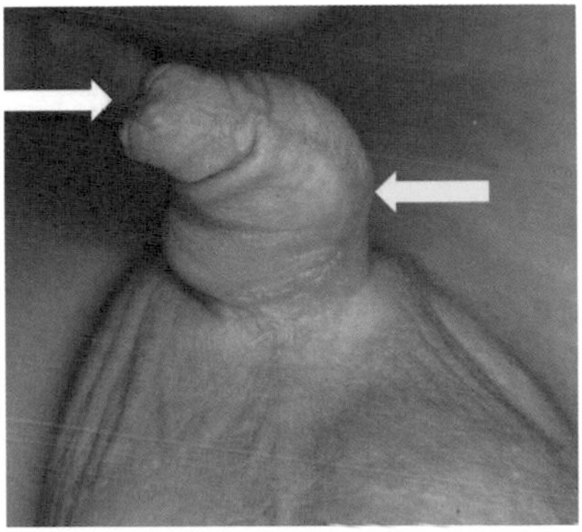

▲ 圖 6.9 一典型的陰莖扭轉病例，包皮口朝右側（白色箭頭），導致大孩子小便常射到右腿，黃色箭頭指出陰莖表面的繫帶偏到病人左側。

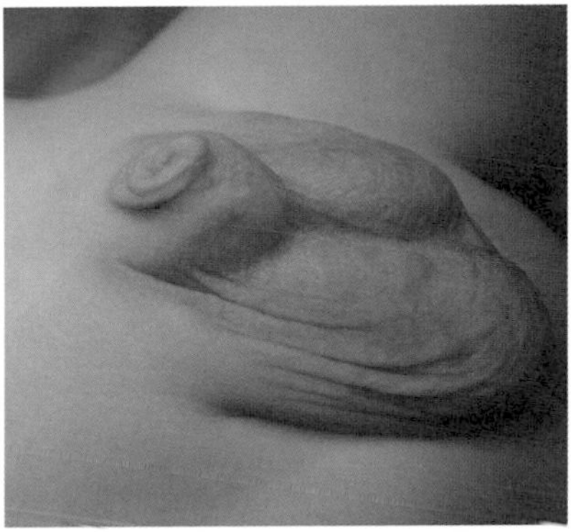

▲ 圖 6.7 如圖所示一種陰莖隱匿，筆者習慣稱之埋藏式陰莖，可以手術矯正。

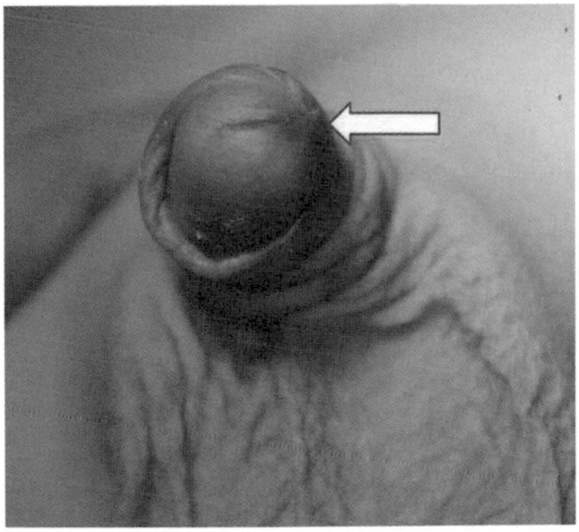

▲ 圖 6.10 上圖小朋友的包皮翻開後，可見尿道口水平般橫躺，繫帶偏到病人左側（白色箭頭）。這是可以手術矯正的異常。

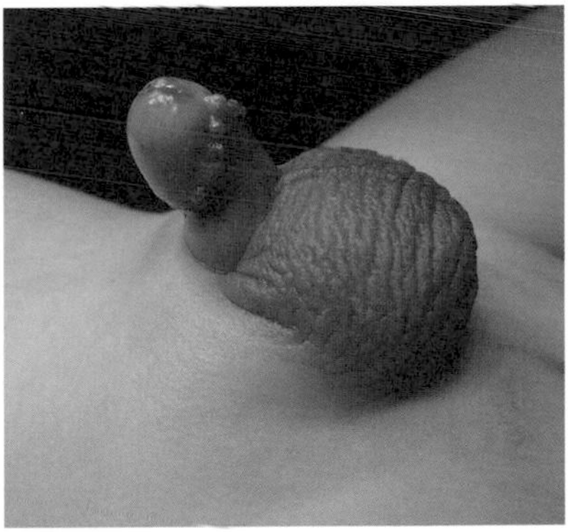

▲ 圖 6.8 上圖同一位小朋友術後外觀，就像剛割完包皮的樣子，當然陰莖也顯著地冒出來了。

其他像陰莖雖長卻不挺，或陰莖表皮與陰囊黏得太緊，連成一片等等都是不正常的狀況，但多是手術可以幫忙解決的問題。比較困難的，還是父母長輩心中的迷障，相信大才有用，長才能生孩子。其實這是惑從心生，沒有學理根據。很多父母眼中小時不起眼的寶貝，可能來日方長，後來居上也說不定！

男生為什麼蹲著小便？造物主未完成的作品——尿道下裂

只要站得起來，男孩子生下來就應該站著小便，但是，仍有男孩子不是不想站著小便，而是做不到！他們就是生來具有尿道下裂的男性小朋友。

不像前面說的包皮，字義上，中、英文就有區別。尿道下裂不管中外，顧名思義就是尿道開口在陰莖的下方。既然有下裂，是否也有尿道上裂？確實有，我們也處理過這樣的例子，但是，個案數極少，而且因合併膀胱及其他系統異常，比起尿道下裂複雜非常多，必須專書介紹才可以，此處就不表。

這樣說來，尿道下裂單純嗎？如果從男女性器官早期發生的角度看，似乎不複雜。讀者都知道男女性器官的構造特徵，撇開陰道不管，如果把女性的陰蒂視為男性的龜頭，女性的尿道位置就是胎兒早期男生尿道本來的位置！說穿了，男女生殖泌尿器官在發生的早期還真的是一家親，宛如一個模子

打造出來的。但是，要從十足女性的器官轉化成十足陽剛的男性器官，就不是那麼簡單！

的確，男性器官的塑造，非常地複雜。我們小時候都上過生物課程，大多有孵豆芽的實驗。孵豆芽時，將綠豆放在濕布上，保持濕潤，幾天後就可以孵出豆芽。如果仔細觀察這過程，會發現種子破殼而出，冒出綠色的頭，接著看到淡顏色的莖，這時候的莖是彎曲的，頂著大大的頭，活像羞答答的姑娘頂著紅蓋頭出嫁一樣，一路低著頭。但是，豆芽終究會豎直起來。

男性陰莖在胚胎發育時走過的流程，宛如孵豆芽。在胎兒早期陰莖是埋在下面，介於兩片陰囊的中間，很像女性的陰蒂介於大陰唇之間。後來慢慢地抬起頭來，脫離陰囊並且往前移動，兩片陰囊則趁機移行到中間融合為一體。這時候尿道也完美地配合，在陰莖豎立的那一刻，尿道口就位在龜頭的前方。這精細巧妙的過程，一步一步看過去，不禁令人讚嘆大自然的巧奪天工！

如果有造物主或上帝，尿道下裂應該可以看作上帝未完成的作品！也可以看成造物主失手的作品！因為陰莖及尿道整體塑造的過程，實在容不下一丁點疏失。難怪根據估算，無論國內或國外，每三百個男生就可能有一位有尿道下裂，比率之高，在所有重大異常中可以名列前茅。

尿道下裂有兩個結構上的特色，一是尿道口在陰莖或龜頭下方，另一是陰莖下彎。陰莖下彎原因至今未明，有人把它視為疤痕拉住陰莖，導致下彎，但是手術中實在找不出有多少疤痕組織。筆者把它當成未完全孵化的豆芽，也就是停在半路上，沒有繼續抬起頭來的陰莖。陰莖下彎的嚴重度因人而異，差別非常大。輕微一點的，看起來還是直挺的樣子；嚴重的可以像駝鳥埋在沙裡面，陰莖就埋首在分開的兩片陰囊中間。後者外觀粗看非常像女生（圖6.11），只是陰囊表皮皺褶不像女性大陰唇那麼光滑。這是男性器官停頓在胎兒發生最早期的階段，我們稱它陰莖陰囊轉位（penoscrotal transposition）。大家

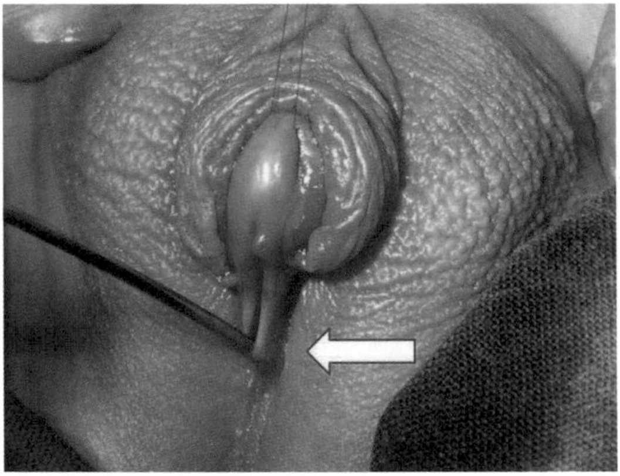

◀ 圖 6.11 這例陰囊型尿道下裂，可以看出男性生殖器異常的複雜性。探針所在的尿道口（箭頭所指處）位於陰囊和會陰交界的地方，陰莖介於兩片陰囊的中間偏下方位置，為典型的陰莖陰囊轉位。這狀況如果持續到大孩子年紀，他非蹲著小便不可。

只要看到這例子，就不難想像為什麼這樣的男生非蹲著小便不可。

當然，介於兩者中間的變異非常多。尿道口的落點，也可以從龜頭到會陰部靠近肛門口的地方，加上陰莖下彎，兩者混搭的結果，使得尿道下裂的變化多端，真的可以令人嘆為觀止！

本書不是教科書，儘管筆者閱歷無數，也不打算舉很多例子灌爆讀者的視覺。圖6.12顯示另一比較輕微的病例，可以看到典型的尿道下裂合併陰莖下彎。應該包住龜頭的包皮，都堆在龜頭背面及上方，尿道口在龜頭和陰莖交界冠狀溝的位置（箭頭所指處）。

一九八六年起，筆者到高雄長庚醫院

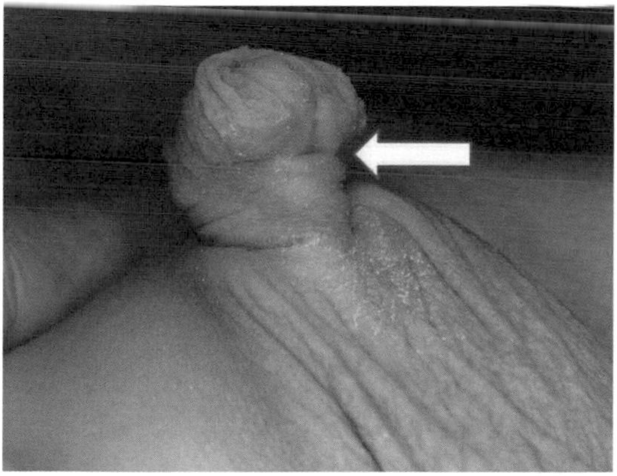

圖6.12 這例冠狀溝尿道下裂，箭頭所指處是尿道口，落在龜頭和陰莖之間。小雞雞因陰莖下彎看起來短小，包皮都跑到龜頭上方和後方。

服務，當時看到的尿道下裂病例幾乎都是大孩子，只要尿道口在陰莖近端，不管有沒有像圖 6.11 那麼嚴重，多免不了像女生一樣蹲著小便，否則尿到自己的腳。經過三十多年的時代變化，現代的父母多會在孩子出生時就帶來門診就醫。我們多安排在孩子約六個月大時給予手術治療，所以大孩子蹲著小便的情形已經少見。這也見證時代變化，影響小朋友就醫的年齡。更深一層探討，也會深深影響孩子的心理發展！在下一章會有進一步敘述。

上天堂或跌落神壇，讓小兒外科醫師宛如洗三溫暖的手術！

如果要舉出一種手術，可以讓小兒外科醫師，一下子彷彿上到天堂，一下子又跌落神壇，那就非尿道下裂莫屬。這是美國一位知名的小兒泌尿外科醫師在一本教科書上講的話。尿道下裂是小兒外科和小兒泌尿外科醫師都會動的手術，因發生比率高，個案多，因此常有機會落到這兩科醫師的手上處理。一輩子從事尿道下裂手術的醫師，多會感嘆這是少數很難預知結果的手術。即使筆者已經到從心所欲的年紀，手術技術也自認精良，結果仍難做到從心所欲不逾矩！這裡的不逾矩，當然不是孔夫子講的天人合一、心無掛礙的境界，而是沒有併發症，一次就能讓家長滿意的狀態。

前面提到尿道下裂有兩個結構上的特色，一是尿道口不正常，另一是陰莖下彎，兩者都須要一次矯正。就手術次序而言，讓陰莖能豎直第一重要，其次是移動尿道口的位置。這是非常專業的問題，細節說來話長。但是，陰莖要立得起來、立得直，有兩樣都叫做海綿體的構造不能不知道，一是在陰莖背面由兩片構成，能接受性刺激充血脹大，產生勃起功能的陰莖竇狀海綿體（Corpora cavernosa）。它外面包覆堅韌有彈性之白膜，保障陰莖充血時能挺身而舉。另一在腹側包覆尿道之尿道海綿體（Corpus spongiosum）。

就男性在意的性功能而言，陰莖竇狀海綿體當然第一重要。無論尿道下裂是否是上帝或造物主未完成或失手的作品，祂們還是慈悲的。雖然不像一般人說的：上帝關了一扇門，會為你打開另一扇窗，但是，天無絕人之路在尿道下裂得到印證。多數尿道下裂的病人，尿道海綿體幾乎沒有，陰莖竇狀海綿體的腹側也可能有缺陷，但是充血、勃起的功能多還存在。所以，小兒外科醫師手術時，把可能拉住陰莖往下彎、類似疤痕的組織，在避免傷到白膜及陰莖竇狀海綿體的狀況下，盡量清除，陰莖就多可以伸直。

接下來是尿道口的位置，在陰莖豎直後，有可能落到更近端的地方，當然，它離開龜頭前端有可能更遠。這中間的鴻溝，就是我們要好好地利用病人龜頭上方和後方的包皮，來做兩件事：第一，當然是補不足的尿道；第二，補陰莖腹側不足的皮。所以，堆在病人龜頭上方和後方那層皺縮在一起的皮，不是多餘的東西，是造物主留下來要我們一皮兩用！

也在考驗我們這些醫師有沒有善加利用祂們刻意留下來的寶物。

多數讀者沒有看過尿道下裂的樣子，很難想像我們怎麼完成這手術。我們就舉一個陰莖陰囊型尿道下裂的例子，給各位看一下，就比較有概念。圖6.13可以說是很多尿道下裂病人的縮影。因為陰莖下彎加上龜頭頂上方和後方包皮堆積，無論從上面或側面看，一時看不出來一般男生陰莖的模樣，只看到趴在陰囊上的一團難以形容的結構。陰莖拉起來後，就看得到尿道口的落點在陰莖陰囊交界處，也因陰莖下彎，生殖器看起來非常短小。（圖6.14）

經過「立莖」過程，也就是將拉住陰莖往下彎、類似疤痕的組織清除後，陰莖

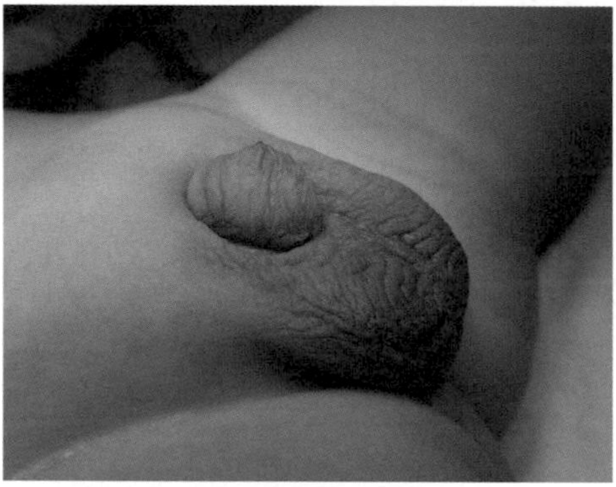

▲ 圖 6.13 一個陰莖陰囊型尿道下裂的小朋友術前的照片。因為陰莖下彎加上龜頭上方和後方的包皮堆積，在陰莖沒有拉起來前，只看到趴在陰囊上的一團結構。

重振雄風，站立起來就變得和一般小男生的小雞雞差不多一樣長。重建尿道後，樣子就像割過包皮的小男生的小鳥，當然，比起術前也長很多。（圖6.15）

重建尿道是非常關鍵的手術，前面提到堆在病人龜頭上方和後方那層皺縮在一起的皮，要一皮兩用，分別補前端那一節不足的尿道，以及補陰莖腹側不足的表皮組織。至於如何善用病人龜頭上方和後方那層皺縮在一起的皮，重建出像圖6.15的陰莖？這點倒是很像武

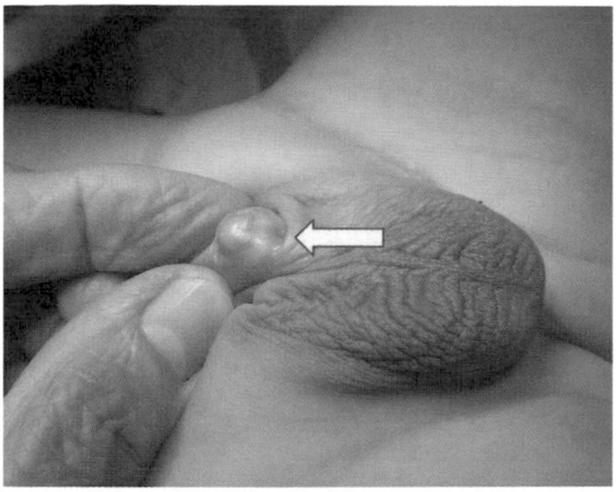

▲ 圖 6.14 陰莖拉起來後，看到非常短小的陰莖以及位於陰莖陰囊交界的尿道口（箭頭所指處）。

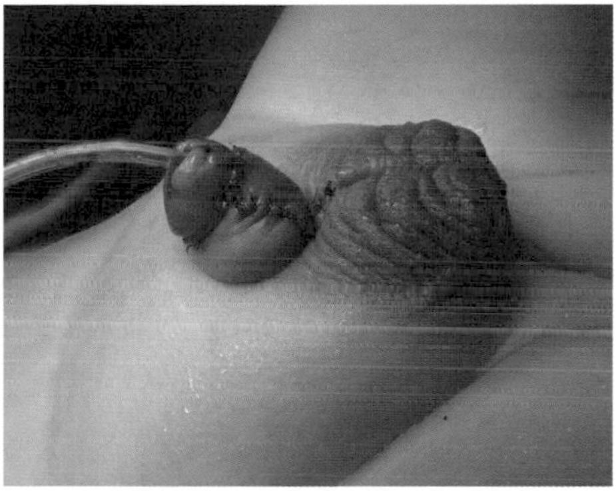

▲ 圖 6.15 上圖小朋友術後的陰莖不但能夠豎立，也顯然長很多，龜頭頂端的尿道口插著尿管。

林招式變化多端、門派多不勝數。筆者是美國費城兒童醫院小兒泌尿外科達基醫師（Dr. John W. Duckett）的忠實信徒，他獨創的幾種手術式，足以應付千變萬化的尿道下裂。非常像中國的少林寺，成為武林高手的盟主。可惜天妒英才，達基醫師英年早逝。

為什麼術後看起來好端端模樣的陰莖，不是每一個病人最後都能得到預期中理想的結果，也就是沒有併發症，一次就能讓所有人滿意的狀態？先講我們操刀的過程，各位會比較清楚。包括筆者在內，有經驗的醫師在動刀時，都會小心翼翼地分開預計要一皮兩用、非常薄的包皮。在這過程中，供應兩片皮血液循環的極纖細血管一定要兼顧。在翻轉到腹側填補缺陷時，預定做為尿道的皮瓣連同預定術後引流尿液的尿管，一起先轉到腹側，並且完成尿道的重建。接著是剩下來的包皮也轉到腹側，填補腹側皮膚的不足。所有的縫合都用非常纖細的針線，一針一針地完成。

有三個原因，左右最後的成果：第一，支援兩片皮血液的纖細血管雖然我們都能兼顧，但是翻轉到腹側後，儘管皮瓣外觀正常，末梢供血是否充足，讓傷口可以好好地癒合，實在不是我們可以完全掌控的變數；其次，再小的線與縫合的皮瓣組織之間也有空隙，在預定的時間拔除置放的尿管時，我們無法預知這癒合是否可以達成天衣無縫；第三，也可能是最重要的原因，在於尿道是唯一要能承受間歇性又巨大衝擊力的表皮組織，因為小便衝出來那一刻是非常強勁的。加上尿道下裂病人缺乏尿道海綿體可以幫忙緩衝小便衝出來的力道，因此，癒合稍為不如理想時，大水沖倒龍王殿的事就發生了！

這就是為什麼尿道瘻管這麼常見，其他併發症也會有，只是相對地比較少。每一位小兒外科和小兒泌尿外科醫師在動這手術時，無不希望畢其功於一役，但總有事與願違時。一旦發生併發症，多數要等半年後，等到傷口疤痕穩定，再進行下一次手術修復。有兩個原因，筆者比較喜歡在孩童六個月大時執行手術：首先，孩子小，傷口癒合比較快也比較好，發生併發症的機率比大孩子低。另外，一旦發生併發症，等半年後修補，這中間，病人仍包著尿布，沒有大朋友為此再蹲著小便達半年的困擾。當然，六個月大的小朋友，不知何故，對陌生人非常地友善，令開刀的醫生看到他們就開心。

筆者慶幸執業至今，還沒有碰到因嚴重併發症，須要借助膀胱、口腔或其他上皮組織彌補尿道的狀況。都能讓男生站著小便，外觀和一般男生割過包皮的樣子差不多，因此也多可以被病人自己或他們的父母接受。

無論包著尿布或穿著褲子，性泌尿器官所衍生的問題，比一般人想像的多很多。小兒外科醫師沒辦法包辦病人幸福，但是可以幫忙創造無異於常人的外觀、功能以及接近常人的人生。

第七章——精準醫療在兒外，解鈴回春存一心

杏林春秋有時了，兒童知多少？

源遠流長的中國歷史，人才輩出。其中有一位非常特別的人物，他是五代十國時的南唐國君李煜，雖貴為一國之主卻才氣縱橫，能書善畫，可惜不善治國，被宋軍打敗、俘虜至汴京，還一度封官，卻因太懷念故國，作一首千古傳誦的詞《虞美人》，被宋太宗毒死，後世尊稱他李後主。《虞美人》原文是：「春花秋月何時了？往事知多少。小樓昨夜又東風，故國不堪回首月明中……」

讀者應該都耳熟能詳其中的詞意。李煜生不逢時，成為悲劇文物，但也因此創作出流傳至今的絕妙好詞！在小兒外科領域，繼「春花秋月何時了」之後，「往事知多少？」也很重要，因為產前及生產過程中發生的事，和我們治療的很多先天異常的結果習習相關。這部分在前面章節中已經披露過。

不過，不管經過多長的歲月，每一位從事小兒外科的醫生，更應該隨時反躬自省「兒童知多少？」現代的醫療重視團隊協同合作，術前術後的照護交由小兒科醫師包辦，小兒外科醫生若不用心在病人身上，深切掌握病人的病情變化，就難免淪為開刀手。這樣做，好處是可以分憂解勞，各以自己的專長發揮在病人的醫療上。壞處是，疾病的發展是連續性的，上一環緊扣著下一環，在開刀房發生的事，只有開刀的醫師最清楚。即使手術醫師詳細記載開刀的發現和整個過程，甚至於將內容也充分傳達給照護的醫師，但是這臨場感對於沒有參與的人，永遠像隔靴搔癢，很難搔到癢處！更何況病人的病情常常因人而異，非常難一體適用！

較小的嬰幼兒，身體變化極快。缺水、缺電解質，可以瞬間表現出來。尤其在非常嚴重的腹膜炎，其體液流失的程度，常常超乎醫生的估算，而補充的速度，絕對不能太慢，每小時可以高到兩百五十毫升或更多，否則尿液減少很快進行到休克，可以轉瞬間在我們眼前就發生！這樣高的量，在成人大多承受不了，但是在小孩，卻是救命不可或缺的一環。對於液體量的承受，超出對於液體濃度承受的概念，是筆者年輕時，在兒童身上學到的第一課！隨時設身處地想到不一樣的兒童反應，也是面對接踵而來的挑戰，能化險為夷的法寶。現代醫療的進步，使得類似的狀況已經少很多，但也容易造成年輕醫生疏於注意。生病兒童體液的流失和補充，是小兒外科醫生首先要弄清楚的課題。

一刀劃下去，兒童當然也會痛，但是究竟有多痛？孩子承受得了嗎？這不單單是骨肉相連的父母，在術前想急於瞭解的問題，也是多數醫療從業人員不知道如何回答家長的問題。手術產生壓力、製造疼痛，能夠從病人血液裡的兩種荷爾蒙反應，多少顯示出來。其一是大家比較熟知的可體松（cortisol，又名皮質醇），另一是大家比較不熟悉的胺多芬（endorphin，又名腦內嗎啡或內啡肽）。

先前有研究報告指出，新生兒手術時測出的壓力反應是成人的三到五倍，這是很可怕的數字，如果這是真的，天下有小寶貝開刀的父母都要擔心死了！我們也覺得這數據和我們觀察到的兒童術後反應，有相當大的落差！這是一九八六年發表的一篇文章，作者也說新生兒接受手術時沒有給他們足夠深的麻醉，是否因此影響術後的疼痛反應，值得深入探討。既然疑雲重重，我們就自己來做研究，比較出生五天內的新生兒和五至十個月大的兒童接受重大手術時，他們的術前及術後血液胺多芬及可體松值的差異，發現結果非常有趣。當然他們都接受很好的麻醉。

新生兒術前及術後血液胺多芬值，幾乎是平靜無波、沒有變動！術後三十分鐘血液可體松值比術前略為增加，但是差異也沒有達到統計上有意義的區別。相反地，較大兒童術後三十分鐘血液胺多芬及可體松值都比術前增加三到四倍，反映出他們在這段時間承受的疼痛或壓力非常大。所幸二十四小時後就恢復到術前值。雖然五至十個月大兒童的手術時間稍微比較長，但兩者都接受同樣深度的麻醉。

這樣的結果非常符合我們的臨床觀察。胺多芬是體內因應壓力、疼痛產生的荷爾蒙，它的作用等於是人類製造用來止痛的嗎啡，由中樞神經腦下垂體製造。可體松則由腎上腺製造。兩者在新生兒術後都不增加，有可能他們術後壓力、疼痛表現方式迥異於大孩子或成人。不過，更可能的是，他們的身體有能力很快化解手術帶來的壓力和疼痛。當然，麻醉藥物對新生兒影響也許比較深遠，有以致之。和血液數值變化相符的是，新生兒術後的反應，若仔細觀察的確不容易看到他們痛苦的表情，這應該不是我們無能解讀他們的術後反應。

就五至十個月大的兒童術後三十分鐘血液胺多芬及可體松值，也和我們看到這年齡層孩子他們術後第一天會哭鬧吻合，顯然他們也承受相當大的疼痛反應。通常第二天過後，他們就很快回復到術前表情，甚至於對醫護人員咧嘴而笑，讓照護的人員感到很窩心！

踏入小兒外科這一行的醫師，杏林春秋有時了，但是，兒童又知多少？

兒童的反應，永遠比我們知道的快半拍！

兒童的反應永遠比我們知道的快半拍，這是我從他們身上學到的第二堂課，這堂課是我還當住院醫師時學到的教訓。當時沒有什麼儀器可以很精確且連續性地監測小小兒童的生命跡象，必須靠醫護人員不停地觀察嬰兒呼吸起伏，聽聽心跳及肚子的腸蠕動聲音，觀看皮膚色澤變化。有尿管的可以注意尿有沒有出來，沒有尿管的就秤尿布重量，但這項反應通常比較慢。有敗血症的新生兒，特別又是早產的，有時前一分鐘看起來還好好的，在轉身離開瞬間，居然就停止呼吸！

現代的醫療有了精良的監視器及其他設備，突發的狀況比起以前少多了。新生兒，特別是早產的，雖然有新生兒專科醫師照顧，但是，對於手術產生的反應，尤其併發症發生時，幫他們開刀的小兒外科醫生知道多少？是否可以及時回應新生兒科醫師或值班小兒科醫生發現的問題，非常值得我們注意。

很多小兒外科的疾病，非常不單純。以第四章提到的赫希朋氏病為例，無論術前或術後，發生腸結腸炎的機率非常高，更可怕的是來勢洶洶且致命。筆者就經歷兩個這樣的個案，其中一例合併唐氏症，術前、術後多次發生腸結腸炎，每次都先拉肚子，接著很快腹脹，緊跟著出現敗血症。必須在非常短的時間打大量點滴、給予強效抗生素及插肛管幫忙排泄穢物，三箭齊發，才有機會克敵制勝，避免致命。最後一次來急診處就醫時，點滴量進去太慢、太少，值班醫師不曉得插肛管幫忙排泄穢物，病人很快就休克走了。

另外一例赫希朋氏病的患者，術前、術後一直都表現很不錯，沒有發生過腸結腸炎。不幸始於一次拉肚子，開始時輕微發燒，食慾不振，逐漸腹脹。父母以為是一般小孩子常患的腸胃炎，帶去給一般兒科診所看。由於診所醫師不曉得赫希朋氏病引起的腸結腸炎不好搞，也就開藥給小孩服用，並囑咐給予補充大量電解質水。就一般小孩子常患的腸胃炎而言，這樣做是正確的。奈何這小孩喝不下多少電解質水，病程發展又快，等小孩變嚴重脫水，幾近休克才帶來我們醫院急診室，值班醫師自行處理，等筆者知情時，雖然三箭一起發，但射出時間太晚，病人還是救不回來。

所以，從這件事以後，我就緊迫盯人，要求患有赫希朋氏病的小朋友的父母或照顧他的爺爺、奶奶，萬一碰到小孩子有腸胃炎的症狀，立即到我們醫院急診室診治，而且請值班醫師告知筆者，不要在外面輾轉就醫。因為多數醫師都不知道赫希朋氏病引起的腸結腸炎非比尋常，鮮少能迅速又及時地正確診斷，還及時又快速地給予適當的治療。也因為這樣難婆，筆者再也沒有因此而讓病人命喪於這樣的併發症。當然，也因不時隨叫隨到去急診處理這樣的病例，偶爾累壞自己。

至於為什麼赫希朋氏病引起的腸結腸炎，和一般小孩子常患的腸胃炎有如此大的差別？除了排便不順暢可能導致帶有惡意的細菌繁殖，赫希朋氏病本身還有很多我們不瞭解的地方，不是單純地在大腸遠端沒有神經節細胞。其大腸黏膜在對抗細菌、病毒入侵的機能是否完全？免疫反應是否適當且及時？再套用現代流行的術語：腸道微生物叢（microbiota）的組成，是否和一般兒童不同？這些問題都在等待我們釐清。腸結腸炎不可能等上面的問題都有答案才去解決，就像兒童很多其他的疾病，必須分秒必爭，容不得慢半拍去救治！

小兒外科沒有小手術！

小兒外科沒有小手術？初次看到這題目，大家不免心裡打問號？我們開單側兒童腹股溝疝氣，有經驗的小兒外科醫師一般十五分鐘內就完成了，難道這不是小手術嗎？還有，割包皮或切除病人身上的小腫瘤，多能在不長的時間內完成，病人多數不必住院，為什麼筆者不認為它們是小手術？

除了時間短，小手術常常令人以為輕而易舉就可以完成的外科醫療。大家都忘了再小的手術，在比較小的兒童多要全身麻醉，也會流血，恢復過程也需格外小心，所以幾乎都有一定程度的風險。以我們最常執行的腹股溝疝氣為例，筆者記憶裡，就至少有三位我們都熟悉的同僚或前輩的病人，在手術過程中或術後不久在恢復室出狀況就走了！據了解有的因麻醉，有的因出血，還有的在恢復過程中以為都正常而未特別留意，突然呼吸道出狀況來不及急救。一個小小生命的結束，竟因這麼一次所謂的小手術，它留給父母及當事醫師的傷痛，豈能一時三刻就過去？小兒外科這領域的專科醫師不多，竟然有這麼高比例的醫師在一般人認知的小手術裡栽跟頭，我們還可以繼續這樣說嗎？這些案例執刀的小兒外科醫師，都是我們這一行裡技術和判斷屬於一流的，發生的過程也都是筆者知道的。在我們無法掌握知悉的其他執業醫師，做同樣的手術時，說不定有更高的比例出過狀況。

在我們這個年代，有不少人聽過阿兵哥割包皮，因不爽結果不如預期，發生難以挽回的情況，憤而一槍將醫官槍斃的故事。在戒嚴時期，這樣的消息只能耳聞，無法求證。筆者相信有這麼一回事。翻開小兒外科教科書及文獻，因割包皮造成的併發症，洋洋灑灑一大堆。有的皮留太多，有的留太少，若是後者，有可能引起勃起的困擾。傷到龜頭或尿道口的機會雖然少，但還是有相關報導。這些併發症可以導致尿道口狹窄、陰莖隱匿或尿液難以排出，甚至於陰莖壞死。而割包皮術後出血至急診就醫，皮膚腫脹變色、疼痛不適哀號，造成病人及家屬事先無法預測的困擾情境也不算少，甚至因此遷怒於醫師，這是小手術所應該有的結果嗎？

筆者講小兒外科沒有小手術，不是無的放矢，實在是看過很多不幸事故，本來可以避免，關鍵在於病人家屬及醫療從業人員的心態！很多家長帶小朋友來就醫，以為門診手術就沒有風險。筆者從來不說沒有風險，並馬上以好端端的一個人走在路上也會跌倒或不幸遇上車禍作比喻。一旦知道有風險，大家都會比較謹慎小心。在手術室，再小的手術，筆者都會很認真地把它當一回事。只有這樣才能明哲保身。

會讓醫師栽跟頭的，常常不是所謂的重大手術，因為重大手術會有怎麼樣的結果，家屬早就有心理準備。家屬無法接受小手術出意外，所以，如果所有人都能認同「小兒外科沒有小手術」，也就是沒有不存在風險的手術，我們碰到意外狀況的機會絕對少很多！

小兒外科不能有慢郎中，更切忌速食文化！

醫療的進步，的確改變非常多執業的習慣和行為，也深深地影響病人的預後。在拙作《過河卒子》中，記載筆者初當住院醫師時，為壞死性腸炎的新生兒麻醉，剛開始時給予大量液體補充，也給予適當的保溫，所以狀況還好。肚子打開後，病人迅速失溫，液體大量流失，眼睜睜地看著病人走下坡，終至死於手術臺上。那觸目驚心的一刻，一輩子忘不了。

縈迴繚繞在腦海裡的，是我們的手腳是不是可以更快？保護措施是不是可以做得更好？現代麻醉技術精進，小寶貝在手術臺上失溫或體液流失太快，補充不及導致休克的情形已經少很多。然而，手術臺上多耽擱一分鐘，病人風險多一分的定律不會消失。

現代小兒外科界的慢郎中，出現在年輕一代，原因在病人術前早就在小兒科醫師手上照護，小兒外科醫師沒有直接面對病人及家屬的壓力，又有全民健保挺住，就不急於手術。術後也多交給小兒科醫師或新生兒科醫師繼續照護。不管住院多長，病人家屬花的錢，比全民健保開辦前少非常多。因此，病人住院天數無形中拖很長，這對於新生兒身心發展會造成多大的影響，雖然缺乏數據，仍然值得我們省思重視。

相對於慢郎中，更可怕的是速食文化。例如，在位置較高的肛門閉鎖，最好有人工肛門保護下，才執行肛門成形術。因為想單靠灌腸洗清腸道，避免病原菌感染，不是完全不可能，而是感染機率還是非常高。一旦感染發炎，整個直腸肛門連同周邊的括約肌等組織，都會被捲入。發炎結疤後對肛門排便的影響非常驚人，輕則便秘，重則大便失禁！很有一失足成病人終身遺憾的原因，小兒外科醫師能不慎思嗎？

另外像赫希朋氏病的根治，也一樣要灌腸洗清腸道，避免病原菌感染，最好有人工肛門保護。但是很多醫師心存僥倖，人工肛門不做，美其名一次到位。也許病人幸運，沒有發生感染，真的一次到位。若發生感染，一次就毀了一生！當然，在手術中要做大腸切片，確認要拉下來到肛門的大腸有適量的神經節細胞才可以，否則接上去沒有功能，也是枉然。

第四章提到的小腸閉鎖，也昰需要格外小心，不能以為看到近端一處閉鎖，就只處理那一處，有時就錯失遠端另外一個閉鎖，病人因此受害。第五章提到的膽道閉鎖，醫師更要有耐心，在肝臟門口像結疤纖維組織中，要切到剛好有微小膽管，並且送病理科做冰凍切片證實後，才能接上引流膽汁的小腸。順利的話，檢體從開刀房送到病理科，經過冰凍切片、染色到病理科醫師看完，一次往返最快半小時，稍微慢一點，就要四、五十分鐘，若要切到第二次，時間就加倍。這過程急躁不得，除非醫師不做這有點煩瑣的檢查。日本膽道閉鎖手術治療的成績，世界第一，至少一部分應該歸功於他們小兒外科醫師的耐心，慢工出細活。

冰凍切片在赫希朋氏病手術中判斷大腸直腸壁有無神經節細胞時，也會用上，這時不僅要考驗小兒外科醫師的耐心，也要我們碰碰運氣。筆者在高雄長庚醫院服務的最初十年，吃盡苦頭，其中一個重要原因，就是有一位病理科醫師不擅長看冰凍切片下的腸壁有沒有神經節細胞，經常讓我們在開刀房苦等，以尋求第二意見。甚至有病例發生冰凍切片的結果，和後來永久性切片不同，筆者不能把責任推到該名醫師身上，以避免產生醫療糾紛，只好摸著鼻子自己收尾，加深筆者入這一行最初十多年的痛苦。

當然，上面舉的例子，還是比較容易說明白的。我們所從事的領域還有很多需要關注的項目，不勝枚舉。小兒外科醫師切忌速食文化，絕對不是說來玩的。我們的一把刀、一顆耐心，真的可以決定病人短期內是否可以少一些併發症、少挨一刀；若從更長遠的角度看，更可以決定病人一輩子是走向幸福？還是落入併發症引起的悲慘情境？！

解鈴不在繫鈴人，精準無關乎基因！

「解鈴還須繫鈴人」，這是大家都熟悉的一句話。小兒外科這領域的先天異常，繫鈴人也許是上帝或造物主，當然，部分原因也可能和孩子的遺傳基因及環境有關係。無論繫鈴人何在，我們的行業就是要幫忙解決孩子與生俱來的問題。所以，在兒童很多的外科疾病上，小兒外科醫師就變成當然的解鈴人。

知名的美國內科醫師布隆菲爾德（Arthur L. Bloomfield）曾經說過一句非常經典的話：「There are some patients whom we cannot help; there are none whom we cannot harm.」翻譯成中文，就是：「我們總有些不能治療的疾病；卻沒有不會受到醫療傷害的病人。」筆者行醫超過大半輩子，非常能夠體會這句話的精義，因為在外科，我們碰到很多手術無法解決的疾病或問題，我們也碰到很多手術或外科處置帶來的後遺症。

醫療其實和人許多其他種類的行為相像，過與不及都不好。現代醫療或醫學追求精準，乃基於身體的許多疾病受到三方面重要的影響：第一，個人的遺傳基因，也就是俗話常說的體質；其次是我們所處的環境，包括呼吸的空氣、飲用的水和吃進去的食物，當然，環境污染、噪音、交通工具等等，無時無刻不在影響我們；最後是個人的生活習性，壞的方面如抽煙、喝酒、嚼檳榔，好的方面如經常運動等，都時時刻刻在我們的身體健康上加分或減分，也左右很多疾病的成因和治療成效。

精準醫學或醫療，也稱個人化醫療，就是針對病患上述個別情形，擬定醫療策略，其中多數會應用分子診斷及精密的影像分析，找出病人特定的基因，選擇最適當的療法，務必一發即中，減少亂槍打鳥引起的併發症，提升治療成果。

現階段小兒外科疾病的治療，多還不必動用到基因這一層次，也許未來有一天會。因此，精準醫療在小兒外科的定義，不能侷限在基因的定序，或從改變環境來改善病人的病情。當然，多數嬰兒沒有生活習慣影響醫療的問題。這些因素也許對成人外科手術的成效，比較會有一定程度的影響。

在小兒外科，筆者認為精準醫療也有三要素：第一，及時提供最適切的處置，包括補充體液、必要的輸血及抗生素等治療，讓病人在最充分的準備狀態下接受手術及術後的恢復；其次，周詳地考慮病人產前、產後狀況，以及它們對手術過程及結果的影響。家屬對兒童疾病的瞭解須充足，有可能發生的最好、最壞結果以及後遺症，他們須全盤掌握，畢竟他們是陪孩子長大的人；第三，精確掌握病人異常部位的解剖學構造，這一點是小兒外科必須錙銖必較的。器官組織都要擺放在最適當的位置，才能發揮它最好的功能。有的不能留太少，有的不能留太多。

筆者反覆用肛門閉鎖當例子，因為它是小兒外科手術中，和赫希朋氏病以及膽道閉鎖一樣，必須放在同一天秤考量的異常。理由在它們對精準外科醫療的要求標準，必須是等級最高的。相對於其他所有的哺乳動物，人類社會要求我們務必能精確控制大便，否則不堪設想。圍繞在直腸及肛門周遭的是經過精密設計、層層佈置的括約肌，還有供應血液的血管，以及控制括約肌動作的神經。它們配合直腸及肛門，做出協同一致的動作，使得一般人該大便時大便，可以放屁時放屁，其他時間鎖得緊緊的。筆者不時讚嘆這巧妙又精良的設計，就像一流交響樂團演奏出完美的交響曲。

肛門閉鎖病人不但沒有正常的肛門開口，他們的括約肌也可能發育不完全。在重建直腸及肛門時，務必將直腸放在括約肌中間最適當的位置，稍微偏離一點都不行。這就是為什麼第四章提到的皮納醫師獨創的手術式這麼重要，也非常快地風行全世界，因為他把複雜的直肛異常，在最不破壞原有組織下，能夠將直腸放在最適當的位置。這是關鍵的一步，因為病人的括約肌可能短缺，必須物盡其用！

精準直肛成形術的要求還須更勝一籌。重塑病人的肛門時，要把閉鎖末端的直腸精確地拉下到新建肛門的位置，和當地周邊的皮膚吻合。這看似簡單的動作，蘊涵排便控制的良窳。姑且不論直腸本身口徑的大小，單看拉下來和皮膚吻合腸子位置的高低，就足以左右排便的控制。位置太高，等於把肛門往上提，容易造成術後狹窄、便秘的問題；位置太低，直腸黏膜容易脫垂，不僅外觀難看，大便控制不佳、甚至於失禁的比例也可能增加。古諺有言：「增之一分則太長，減之一分則太短」，恰好是直肛成形術最好的寫照。

精準小兒外科醫療，無關乎基因，也不在於微創與否，完全在乎手術前後的準備和照護是否周全，術中每一個動作是否精準。即便病人因缺憾而生，我們也要讓他們能獲得該有的結果，而非淪為醫師草率完成的作品，並因此抱憾終身！

死生有命難強求，盡其在我方自在

「死生有命，富貴在天」是每個人耳熟能詳的諺語。「死有重於泰山，輕於鴻毛」也道盡生命的價值，因死亡的原因不同而有極大的差別。身為小兒外科醫生，在行醫過程中，沒有一位不經常面臨病人生死的問題。有的非不為也，是不能也！下面就是一個例子。

赫希朋氏病的特徵，就是病人患病的腸道沒有神經節細胞。多數病人沒有神經節細胞的腸道侷限於大腸末端，只要好好準備，精心手術，治療效果多不錯。若整個大腸都沒有神經節細胞，就要考驗小兒外科醫生的技術和經驗，手術式的選擇及手術過程不免大費周章，長期結果也取決於醫師手術的精準度，以及病人腸道的蠕動控制，甚至於飲食內容等等，大便控制的變數就比較大。最不樂見的，是連小腸也沒有神經節細胞。三十多年前，筆者碰到的一個病人，手術中病理切片檢查確定從大腸一路往上到空腸都沒有神經節細胞，若要病人存活，第一步就要做高位空腸造口，其帶來的立即後果是胃腸液體的流失驚人，不但補充不容易，皮膚的糜爛不用說，病人的營養也要靠全靜脈營養撐下去，直到有一天可以接受小腸移植活命。當時既沒有健保，花錢又看不到盡頭，小腸移植還在萌芽階段，只好在開刀房門口和孩子的父母詳細解釋討論後，宣告放棄更進一步的醫療處置，孩子幾天後就被造物主帶回天上。當時真有「孤手無力可回天」的挫折感！

小兒外科醫生所面臨無能為力的狀況，還包括多重器官的重大異常，其中包涵目前無法改變的染色體異常。在台灣，至少就筆者的經驗，這樣的病人放棄醫療，常常是小兒外科醫生、小兒科醫生和病人家屬討論後決定。在歐美國家，特別是允許安樂死的國度，通常會召開一個委員會共同討論才定案，除了院內醫護社工同仁，成員裡面不乏法界及宗教界人士。對生命的重視，雖然無分軒輊，後者的做法，顯然細膩多了。這點在筆者於二〇〇五年五月在亞歷桑那州的鳳凰城參加的第三十六屆美國小兒外科醫學會中，大會安排的倫理性質的教育演講，由荷蘭來的 Dr. Hazebroek 講述：「是否無止境的維生是新生兒外科病患最好的選擇？」有精彩的闡述。該國有所謂的 Groningen Protocol，嚴謹地規範如何對生存無多大意義的新生兒不要積極地給予治療，的確是值得我們參考的。

除了上述相對少見的情況，我們會碰到的治療中兒童死亡的原因非常多，從先天性橫膈膜疝氣小朋友喘不過氣，到自發性胃穿孔及壞死性腸結腸炎病人的敗血症，以及膽道閉鎖病人的肝硬化、衰竭等等。這裡面有的不是醫師的技術和照護所能挽回，有的在醫護團隊盡心盡力後，依然撒手人寰。這狀況就符合前人說的「死有重於泰山」，也就是說，在目前醫療技術精進且醫護人員都用心下，小小生命的終結，非人力能力所能及，參與醫療的人委實沒有遺憾。

當然，像前面說的赫希朋氏病的小朋友死於腸結腸炎急性發作，就會令我們感到難過。最令醫師感到椎心之痛的，莫過於不應該發生的卻發生了。本章第三節因腹股溝疝氣手術而意外死亡的兒童，就是最淺顯的例子。

醫師既不是神，也不是天使，然而，我們必須緊緊守住身為醫師的專業規範。布隆菲爾德醫師說的話：「我們總有些不能治療的疾病；卻沒有不會受到醫療傷害的病人。」永遠是我們這一行人奉為圭臬的金玉良言。我們不是很多疾病的繫鈴人，不過，如果我們不謹守小兒外科自己的精準醫療，因此衍生無謂的傷害和併發症，就等於無端地繫上另一個鈴。

妙手回春是高手，如何治病但不留遺憾，則存乎一心！

第八章——行腳小兒外科，宛若乘著歌聲的翅膀

乘著歌聲的翅膀，將帶你到遠方

筆者熱愛古典音樂，很早就接觸孟德爾頌（Felix Mendelssohn，一八〇九～一八四七）有名的歌曲《乘著歌聲的翅膀》（德語：Auf Flügeln des Gesanges）。雖然被它優美柔和的旋律所吸引，卻一直沒有用心探討這首曲子背後深遠的意境。

這首歌是根據德國詩人海涅（Heinrich Heine，一七九七～一八五六）所作的一首詩〈乘著歌聲的翅膀，親愛的將帶你到遠方〉，孟德爾頌在一八三五年為其它譜了曲而廣為人知。下面是根據「維基百科」於二〇二〇年十一月十八日修訂的前兩段，和大家分享：

乘著這歌聲的翅膀，
親愛的請隨我前往，
去到那恆河的邊上，

世界上最美麗的地方；
那綻放著紅花的庭院，
被安詳的月光渲染，
玉蓮花在安靜的等待，
等待他心愛的姑娘到來。

如此詞曲都優美的名作，也只有一生都幸福的天才作曲家孟德爾頌，深刻體會海涅這首詩的神韻後，才能發揮出來。詩中的恆河，雖然載明是印度的恆河，筆者認為它是泛指永恆生命的長河。可惜的是，具有如此天分的作曲家幾年後就過世，真的去他心中的恆河邊。

身為小兒外科醫師，多數時候與小朋友為伍，看著他們手術恢復後露出天真無邪又甜美的笑容，彷彿像遇見天使一般，這時候，為了這辛苦職業付出的艱辛，瞬間化為烏有。當然，天下沒有白吃的午餐，筆者在打算踏入小兒外科這一行時，我在台大醫院的老師陳秋江教授就告誡我，要有吃苦的準備，果然，此後經常日以繼夜地在醫院、家裡兩頭跑。完成住院醫師訓練，來到台北長庚醫院當研究員時，有幸在林哲男教授指導下，再深入體會小兒外科的真諦。在沒有全民健保的年代，不僅要辛苦地給小朋友治病，同時還要為沒有錢付醫藥費的父母傷腦筋。筆者因此從林教授的身教，學到依病人家屬付得起的費用，意思、意思地收一點點醫師費，也自然地常常瘦了自己的荷包。

沒有行業只問耕耘，沒有收獲的，小兒外科這一行也不例外。除了生病兒童的恢復，帶給我們無上的成就感，在追問每一個疾病的成因和治療方式不同，所衍生出來結果上的差異，就令我們一頭栽進研究的領域。古人提到以文會友，現代人在研究上有發現，就希望拿出來和同行切磋，於是有各行各業的學會林立，成為交換訊息的平台。我們這一行自然地也不例外。因為參加醫學會議，我們經常去了遠方，雖然不是每一個地方，都像孟德爾頌嚮往的恆河邊那麼美麗，也不乏難得的人生體驗，事後回想，還真像乘著歌聲的翅膀。

初試啼聲在台北，再次獻聲在福岡

在我當第三年住院醫師，也決定固定在小兒外科後，陳秋江教授除了傾囊相授小兒外科的專業技能，也指示我開始做臨床研究。第一個指定的題目是追蹤胸鎖乳突肌纖維化引起的斜頸，他使用物理治療的成效，並比較他使用兩種不同的手術式治療，術後長期的結果是否有差別？這兩種手術式之一是全切除術，也就是把患側纖維化的胸鎖乳突肌全部切除；另一是腱切斷術，只切斷胸鎖乳突肌。這先天造成的肌性斜頸，在第二章有詳細的介紹，讀者應該不陌生。陳教授做事有條不紊，交代我找他的秘書兼助理整理出一份肌性斜頸名單，總計三百九十九人，其中一百四十四例接受手術。全部是我們追蹤的對象。

那個年代鮮少人家裡有電話或留下電話可以聯絡，還好有住址可以郵寄信件。除了少數在門診追蹤或持續做物理治療的病人可以現場觀察，其餘的，我就和陳教授的助理合作用郵件寄送，裡面有一份問卷調查，詳細但不至於煩瑣到讓接到信的家長不想填寫。還附上回郵信封。總共寄出將近三百份郵件。就像釣魚一樣，抛出有魚餌的釣線後，一心期待魚很快上鈎。令我們洩氣的是，不但回信姍姍來遲，苦等兩個月的成果，只收到一百三十一例病人的追蹤結果，還不到總數的一半。我們就利用這有限的資料，完成臨床研究，並投稿《中華民國外科醫學會雜誌》。在我於民國七十一年七月離開台大醫院，到台北長庚醫院任職的兩個月後登出，是我生涯的第一篇學術性文章，也好像是遲到、但彌足珍貴的轉院服務嫁妝！內容細節就不深入介紹，無論物理治療、全切除或腱切斷術，都各有其優缺點及適應對象，應該由復健科及小兒外科醫師判斷，慎選最合宜的治療方式及治療時間。

食道閉鎖無論有無合併氣管食道瘻管，都立即造成嬰兒食不下咽，是小兒外科醫師必須會治療的重大疾病。在第三章我們已經略為介紹過，無論術前、術中或術後，這類兒童經歷的苦難，常超過其他異常。當然，精細的手術技巧加上醫護人員的用心照顧，仍然是成功挽救小朋友，讓他們有良好生活品質的不二法門。適時檢討我們的處置是否達到國際一流的水平，是負責任醫師義不容辭的事。陳秋江教授非常重視這指標性手術的成果，剛好在筆者當總住院醫師那段時間，個人有幸經手十幾例個案，以該先天異常並不是很常見，這彌足珍貴的經驗有可能創台灣小兒外科醫師的記錄。在陳教授指導下，不但手術多成功，術後恢復也多很好。加上從林哲男、黃清水、劉焜山、葉明倫、賴鴻緒等醫師在台大醫院服務時經手的案例，累計有二、三十例，我幫忙整理，也完成兩篇論文分別發表在《台灣醫學會雜誌》及《東南亞醫學會雜誌》。

對筆者同等重要的是，國際外科醫學會東南亞分會，於一九八三年三月在台北的來來香格里拉大飯店（即現在的台北喜來登大飯店）舉辦國際型會議。陳教授要我將台大醫院食道閉鎖治療的經驗，在會議上發表。這是筆者初試啼聲，用英文發表論文，還好沒有漏氣。

筆者非常幸運，一九八二年到台北長庚醫院當小兒外科林哲男主任的研究員不久，獲林教授鼓勵投稿一九八三年「太平洋小兒外科醫學會」（簡稱 PAPS）年會，以當年最夯的題目膽道囊腫以胰臟炎的症狀表現，被大會接受發表。當時興奮之情，不言可喻。第一次出國，在國外醫學會發表論文，豈能不慎重其事。太平洋小兒外科醫學會是美國與日本小兒外科醫生，為促進環太平洋國家，尤其比較進步的美國、澳洲、日本、加拿大等國家小兒外科醫學的交流與發展，由美國小兒外科醫生率先發起，於一九六八年在美國西雅圖舉辦第一屆大會，之後每年輪流在環太平洋國家舉辦年會。大會發表的優秀論文，經過篩選後，會收錄在小兒外科最具代表性的雜誌《Journal of Pediatric Surgery》（簡稱 JPS）某一月的專刊上。日本在一九七二年及一九七八年分別在東京及大阪辦過兩屆 PAPS，雖然日本離開台灣很近，印象中只有洪文宗教授於一九七二年成為會員後，積極參與。

一九八三年五月十六至二十日在日本九州福岡市舉辦的第十六屆年會，應該是台灣首次有超過十名以上小兒外科醫生及眷屬參加。大會會長 Keiichi Ikeda 教授邀請日本明仁皇太子及夫人親臨主持開幕式，令所有與會者倍感殊榮，也安排阿蘇火山之旅，可以就近觀看火山口，令人印象非常深刻，當然途中風景美不勝收。會議很多細節及軼事，在拙作《過河卒子》一書中第二篇十七章有詳細記錄。

當時留下一張照片（圖 8.1），見證我

▲ 圖 8.1 從左到右，照片中的人分別是筆者、陳秋江教授、Kam Sukarochana 醫師、林哲男教授及方武忠醫師。

們參與大會興奮之情，溢於言表。難得的是，在使用底片照相的年代，大家一起照相的風氣沒有現在這麼普遍。我與兩位老師一起在國際型會議一起照相而留下至今的，好像也只有這張，彌足珍貴。照片裡可以看到陳秋江、林哲男兩位教授英俊瀟灑的模樣，我們的朋友方武忠醫師則是一副福態的樣子。照片中間是蘇卡羅查納（Kam Sukarochana）醫師，他是林教授在匹茲堡（Pittsburgh）兒童醫院進修時的老師之一，也把他用了三十年以上，幫忙兒童疝氣做高位結紮的兩隻湯匙，在他退休後送給林教授。這故事在林教授二〇一九年出版的傳記《我的外科人生：林哲男醫師回憶錄》有圖文並茂的記錄，迭見良師益友風範。

也因為這次會議的圓滿成功，令筆者對太平洋小兒外科醫學會刮目相看，自此多年積極參加，並且留下珍貴的回憶。

大量篩檢竟無功，穿山越嶺赴會場

如前一節所言，「太平洋小兒外科醫學會」是由美國小兒外科醫生率先發起，每年春季分別由有意願也有會員積極參與的環太平洋國家輪流舉辦。很有意思的是，在美國本土舉辦的美國小兒外科醫學會，開會期間節目排滿滿，也沒有什麼餘興節目。而他們發起的太平洋小兒外科醫學會，一開始就抱著寓學術於樂的想法，每年年會在太平洋東西兩岸及澳洲、紐西蘭等太平洋沿岸國家輪流舉行，舉辦單位都會挑不同城市或渡假勝地舉辦。會議多數在五天左右，且幾乎都集中在上午，讓與會者有另外半天可以輕鬆一下，到處逛逛或打球。舉辦單位也都會在會議中間的一天，選一處風景名勝舉辦一日旅遊，就像 **Ikeda** 教授安排阿蘇火山之旅。

自一九八三年之後，筆者忙著出國進修，接下來到高雄長庚醫院服務，至少有五年獨挑大梁。前後超過十年時間，只有兩度到美國參加其他醫學會，就我在加拿大進修的研究成果提出報告。一九八八年，洪文宗教授在台北圓山大飯店舉辦第二十一屆年會，也是台灣首度舉辦「太平洋小兒外科醫學會」，意義非凡，包括筆者在內，國內的小兒外科醫師都動員起來幫忙，當然也提出報告。

一九九四年五月在日本鹿兒島觀光勝地霧島舉辦的第二十四屆年會，筆者有幸再度參加，也彷彿宣告出關一樣。筆者發表有關尿道下裂手術法改進的報告在大會發表，文章也登在 JPS 專刊上。這次會議重點，應該是日本以舉國之力，收集新生兒尿液，檢查裡面簡稱 VMA 及 HVA 的特殊分子，藉以篩檢出神經母細胞瘤，以使早期發現，早期治療。因為神經母細胞瘤是兒童實性瘤或稱為實質固態瘤中，最惡性的一種，剛好尿液裡面的兩樣特殊分子可以幫忙找出腫瘤。就好像台灣用大便色卡，幫忙及早抓到膽道閉鎖病人一樣。兩者都是廢物利用，不必抽血或做可以驚嚇小孩的檢驗。若病人因此受惠，當然是美事一樁！

可惜美事沒有發生，因為神經母細胞瘤是非常怪異的腫瘤，它壞的時候很壞，非常難以治療。但是，它也是所有兒童實質固態瘤中，唯一會自動退化成良性狀態的腫瘤。問題在我們無法事先在體外就知道找到的神經母細胞瘤是好的還是壞的，在出生嬰兒篩檢到的案例多數時候比較良性，有的在小孩長大一點就退化，不需我們動刀拿掉。反而很多出生時沒有篩檢到的神經母細胞瘤，在一、兩歲後才出現，且來者不善！如此一來，使得勞師動眾又花錢的美意盡失。日本後來就放棄這項全國性的醫療篩檢，也算不經一事，不長一智。

筆者發現接下來那一年，也就是一九九五年五月的「太平洋小兒外科醫學會」在墨西哥舉辦，對先前未去過墨西哥的筆者，有莫大的吸引力，自然機不可失，又投稿報名參加。先前去加拿大、美國或日本，簽證手續相對簡單，沒想到去墨西哥在台經貿辦事處辦理簽證，百般聯絡才約定時間，親自去押手印，做成類似台胞證的證件才終於完成。這只是一系列事件的開始，台灣報名參加的小兒外科醫師不少，包括洪文宗、林哲男、陳守誠、陳厚全、巫堂鑿、王桂良等夫婦，以及魏拙夫及筆者等，似乎都憧憬墨西哥的異國風情。但是狀況連連，值得好好記上一筆。

首先，台大醫院賴鴻緒醫師的論文摘要已經被接受，後來還登在大會手冊裡，但事前問不出所以，等發現時已經來不及申請出國。相反地，陳厚全醫師寄去的論文摘要，一會兒說有，一會兒說沒有，等他興沖沖地來到墨西哥，才發現大會手冊裡沒有他的論文，不能上台報告，只好純粹當聽眾吸取專家的經驗。而諸多烏龍事件裡，最慘的莫過於弄錯開會地點。正確應該是歐哈卡（Oaxaca）省的華圖口（Huatulco）小鎮，不巧的是歐哈卡省的省會也叫做歐哈卡，包括我認識的香港小兒外科醫師陳廣亮，飛機坐到省會歐哈卡，等到達後才發現弄錯，天色已晚，沒有其他交通工具可以很快把他運抵華圖口。幸好有三位也是一樣弄錯開會地點的醫師可以一同作伴，大家雇一部計程車，從歐哈卡翻山越嶺到華圖口，司機中途還不時下車看蜿蜒曲折的小路，等抵達時已經是清晨。一夜無眠不打緊，冒險到開會地點才是史上頭一遭！

歐哈卡的發音，在日本人聽來像「墓地」，不少人出師不利，真的像活見鬼！我們原以為日本來的小兒外科醫師會很少，結果卻是出乎意料地踴躍，

▲ 圖 8.2 筆者與林哲男教授及師母張春梅女士，在墨西哥市近郊的金字塔前合影。

可見「地以稀為貴」，越是奇怪的地方越有人想去一探究竟。撇開墨西哥主辦單位安排零亂，墨西哥本身對一般難得去旅遊的人饒富吸引力，有的人會後到墨西哥東岸旅遊，一睹馬雅文化的風采。我和林哲男教授及師母張春梅女士則在會前，選擇在墨西哥市多留一天，參觀近郊的金字塔。（圖 8.2）

主辦單位安排的華圖口小鎮，純粹為渡假而設。一九八五年才規劃建立幾個渡假旅館、一座高爾夫球場以及據說有人看到的一個天體營，此外，真是荒郊野外，人煙稀少。大會所選擇的 Royal Maeva Huatulco Hotel 倒是非常好。我買的明信片上顯示的飯店空照圖，可以印證緊貼著太平洋的飯店，依山傍水，非常適合休閒活動。

最貼心的莫過於五天四夜，包吃包住，才要美金五百九十五元。在開會期間，除了上午認真聽演講及提出報告，晚上的宴會和大家交流，以及中間大會安排一天的旅遊，其他日子的下午時間，我幾乎都泡在游泳池裡，享受海景，還隨時可以取飲料、點心，這樣舒服的開會，也是個人第一次遇上，終身難忘。

大會循例安排的旅遊，搭飛機到歐哈卡市，參觀當地兩千年的古蹟，雖然保存不是很好，也是難得的知性之旅，加深我們對中南美洲原住民文明的體認。主辦單位安排的大會晚宴，定名為墨西哥之夜，當然充滿濃濃的墨西哥風，席間有樂團伴奏，我和幾位朋友，

▲ 圖 8.3 筆者參加大會安排的旅遊，到歐哈卡市參觀當地兩千年的古蹟。

▲ 圖 8.4 主辦單位安排墨西哥之夜的大會晚宴，陳廣亮（左 1）筆者（左 2）及另外三位日本小兒外科醫師享受愜意的一刻。

包括香港陳廣亮及日本小兒外科醫師都很享受這樣的安排。（圖8.4）

言歸正傳，出國開會不能只顧遊山玩水，學術交流才應該是重點。此回筆者報告一例非常特別的病人，值得千里迢迢飛到墨西哥和同行分享。患者是女生，第一次就醫時七歲，因摩托車車禍造成右葉肝臟撕裂傷，合併肝內及肝被膜下血腫。在肝臟鈍傷嚴重度分類五級中，已經到第四級，僅次於最嚴重、命危的第五級。按照一般標準要考慮手術，修補可能受到傷害的門靜脈或肝動脈。不過，病人輸了兩袋血後，病況穩定下來。家屬不願意冒相當大的手術風險去動刀，也順利在三星期後出院，當時腹部超音波檢查還照到右葉肝臟仍有血腫。五個月後再追蹤檢查，血腫依舊存在，還相當大。雖然我們建議家屬手術，但是他們以小朋友好好的為由拒絕，也沒有再主動來追蹤。

五年又八個月後，病人接近十三歲，因腹痛求診，肚子摸到腫大的肝臟，電腦斷層檢查發現右葉肝臟有十一公分大、厚厚鈣化的壁包裹著囊腫。家屬同意讓病人接受手術，術中引流出四百毫升黃綠色液體，囊腫留下來的空腔，則用她自己的大網膜填充。病人恢復良好，五天後就出院。

腹部鈍傷很常見，尤其在成人，肝臟撕裂傷若在三級（含）以內，大多保守療法就可以好，若到第四級，常常須要立即開刀止血。像筆者報告的病例相當少見，能順利先用保守療法止血，遺留下來的囊腫後續再處理，其過程值得小兒外科醫師參考，也因此被大會接受，第二年就發表在 JPS 專刊上，也對醫院補助出國開會有交代。

專業有別少雙飛，偶爾跨界樂趣多

現代夫妻同進同出的機會很多，包括一起坐飛機出國旅遊或辦事，真的做到古人講的比翼雙飛。但是筆者的另一半是新陳代謝兼核子醫學科的醫師，和小兒外科極少有交集。年輕時候，各自參加和自己專業相關的醫學會議，多年下來，不以為忤，當然也鮮少想到參加彼此的醫學會議。我太太在一九九六至九七年到美國史丹福大學附設醫院進修，剛好一九九七年五月在美國亞利桑那州的鳳凰城，舉辦第三十屆「太平洋小兒外科醫學會」，筆者投稿報名參加，老婆因近水樓臺之便，也以家眷身分參與。

對她而言，這是全新的體驗。不必像參加本行醫學會議，全天候正襟危坐，認真上台報告或聽人報告。我們住大會安排像窯洞一般的渡假旅館，在炎熱的沙漠地區，不僅別開生面，其涼快通風，頗令我們感到意外。歡迎晚宴安排在鳳凰城郊外烤肉，四周望眼看去，盡是仙人掌，許多仙人掌的高度是一般人身高的兩倍多。在營火般環伺下，又有夕陽的微光襯托，這氣氛我們從來就沒有享受過，對她更是難忘的體驗。（圖 8.5）很可惜，這會議除了我們，臺灣只有林哲男及陳守誠教授夫婦參加。

大會中間安排的旅遊，是聞名世界的紅岩之鄉色多納（Sedona）。這小鎮位於亞利桑那州北部，面積大約五十平方公里，紅色巨岩矗立在沙漠綠洲上，非常壯觀。筆者年輕時看過的電影「麥坎納淘金記」（Mackenna's Gold）就在這裡拍攝。這部電影的兩個男主角：葛

▲ 圖 8.5 筆者（左 1）與太太佩文（左 2）林哲男教授夫人張春梅女士（左 3）以及站立的林教授，參加大會在仙人掌林立的沙漠綠洲中舉辦的歡迎晚宴。筆者右側是燈柱，背後可以看到其他桌的人，更遠的地方則有林立的仙人掌。

雷哥萊畢克及奧瑪雪瑞夫，都是我們這年代的人熟悉的大明星，配上色多納紅色巨岩林立的氣勢，令筆者一直銘記在心。這次開會能親臨目睹，我和太太都非常興奮。

筆者在大會題出的報告，內容和膽道閉鎖相關，並且在第五章已經揭露過，即膽管與小腸的吻合口，在手術後第一星期即迅速繁衍出巨量的細菌，並因此造成膽管炎。這新穎的觀念，當場引起很大的迴響，事後論文也登在JPS上。

二〇〇六年五月的「太平洋小兒外科醫學會」，由林哲男教授在台北圓山飯店主辦，是台灣繼一九八八年洪文宗教授舉辦後的另一盛會。筆者因身兼外科部主任及長庚大學臨床醫學研究所副所長之職，又督導新制醫院評鑑試評工作，只在大會進行時露臉報告一下。事實上，之後數年的太平洋小兒外科醫學會，一直都缺席，其間一兩次由本科謝志松醫師出席參加。

二〇一〇年在日本神戶舉行的「太平洋小兒外科醫學會」，對於我及太太都是非常特別的體驗，原因不只在一九九五年阪神大地震後，神戶再站起來，路上還不時可以看到地震摧殘過的痕跡。另一原因在林哲男教授和筆者的共同朋友窪田昭男（Akio Kubota）在會議期間，特別招待我們去京都旅遊。他和夫人由紀（Yuki）來過台灣幾次，也非常喜歡台灣，參加我邀請的會議或純粹旅遊都有。我也應他邀請二〇〇九年去日本，成為「日本消化外科醫學會」的大會貴賓並做特別演講。這次帶我們去京都一般遊客少去，但異常令人驚艷的地方，其中之一就是三千院。這景點庭園不是很大，但彷彿吸收日本庭園之精華，美不勝收，我們一行人盡情享受院方安排的茶點及綠意盎然的庭園。（圖 8.6 及圖 8.7）

▲ 圖 8.6 三千院一景，時值五月，庭園栽植錯落有致、綠意盎然。

▲ 圖 8.7 窪田昭男（左 3）及夫人由紀（左 1）招待林哲男教授（左 2）及夫人（右 2）以及我們夫妻享受茶點（佩文幫忙照相）。

漥田昭男夫婦帶我們去的另一景點，是位於京都市左京區的平安神宮，基本上是神社，但是佔地廣闊，庭園花木扶疏，亭台樓閣的設計讓景緻極富幽靜，泰平閣橋殿一景即可透露出此中真意。

當然這次會議我們也提出報告，主要給我們科的研究員李蕙鳴醫師吸取參加國際性醫學會的經驗。台灣參加的醫師不少，也碰到大陸山東省立醫院的吳榮德醫師和他的同事馬睿醫師，他們也經常參加「海峽兩岸兒童腫瘤研討會」，所以彼此都很熟。

二〇一四年也是非常值得再提的年份，因為當年的五月，佩文和我一起參加在德國科隆舉行的一個醫學會，這醫學會有一特殊的名字 Advances in Neuroblastoma Research，翻譯成中文叫做「兒童神經母細胞瘤尖端研究會議」，這名稱是一起去參加會議的台大李心予教授，在申請科技部補助十名參加的醫師和學者時定下來的。我們十人每人各獲得十萬元補助，總共一百萬元，也算是不小的手筆。除了李教授擔任召集人，團員還包括台大醫院許文明、高雄長庚醫院王佩文、莊錦豪、陽明大學黃宣誠、台大黃敏銓、阮雪芬、盧孟佑、李雅玲、及北醫劉彥麟。

一如其名，這相當特殊的學術聚會，由知名的美國兒童腫瘤醫師 Audrey E. Evans 於一九七五年五月發起成立，旨在歡迎對神經母細胞瘤研究有興趣的學者，每兩年聚會一次，討論神經母細胞瘤研究及治療最新的進展。從剛開始不到二十個人的聚會，逐漸發展成兒童腫瘤界重要的國際會議。二〇一二年在加拿大多倫多舉行時，參加的學者及醫護人員，估計超過五百人，令初次參加該會議的筆者大感意外。二〇一四年五月十三至十六日在德國科隆（Cologne）舉行的大會，一舉超越六百人，有來自三十二國達六百一十一人參加，接受發表的論文有四百七十篇。以單一種兒童腫瘤的學術研討會，有這麼多人參加，報名費還在七百歐元以上，可以想見它的吸引力及學術地位。我們能夠事前申請到科技部不少的補助，一方面是我們這一團成員在台大醫院許文明教授領軍下，兒童神經母細胞瘤的研究已經達到相當高的水平，另一方面還是學會本身的尖端醫學形象，獲得肯定。

我們十人都有論文發表。兒童神經母細胞瘤的診斷，須借助核子醫學科的儀器設備，而兒童神經母細胞瘤的代謝，更是我們研究用來對付這惡性腫瘤的重要工具，兩者都和我太太的專業相關。所以，這次她不是單純的隨行眷屬，而是和我一樣發表研究報告的一員。我們的研究先後產生四篇相當不錯的論文，登在國外知名的期刊。這麼重要的醫學會，大會安排的主講人多是一時之選，例如第一天早上有來自於美國加州理工學院生物所的教授，講述神經脊在胚胎發生時之基因調控機制，和神經母細胞瘤生成的關係，非常生動有條理。其他大卡司的演出，也不遑多讓，令參加者能夠藉機吸收難得的新知。

會議所在地德國科隆市，是萊茵河畔的工業城市，也是德國鐵路交通最繁忙的樞紐和歐洲最重要的內河港口，有兩千年的歷史，古蹟不少，包括舉世聞名的科隆大教堂，文化及藝術創作也相當出色。（圖8.8及圖8.9）

我們這一行人，從台灣出發，飛往德國法蘭克福，下機後搭車前往前西德首府，也是偉大的音樂家貝多芬與舒曼的出生地波昂參觀，當然也造訪貝多芬故居。會議結束後再搭車前往荷蘭舉世聞名的庫肯霍夫花園，參觀鬱金香花田。之後前往鹿特丹，參觀建於十八世紀的小孩堤坊，這地方有遍佈在河渠上的十九座風車，極富地方特色。我們也到著名的梵谷森林公園旅遊，後者五千多公頃的園區內有傲視全球的庫勒慕勒美術館。最後經由有「北方威尼斯」之稱的阿姆斯特丹市返航。大會中間，我和佩文也坐火車到漢堡拜訪一位親戚，即以聲樂聞名的文以莊和她的先生及朋友，也花半天時間搭船遊覽著名的萊茵河景點。

這趟會議兼具知性之旅，讓我們行囊滿滿，儘管專業有別，我們偶爾善用有交集的醫學會議也不錯！

▲ 圖 8.8 筆者（左 2）和太太（左 3）與北醫劉彥麟醫師（左 1）、台大阮雪芬和她的先生陽明黃宣誠教授，一起在跨越萊茵河的鐵橋上合影，背後尖塔建築就是科隆大教堂。

▲ 圖 8.9 筆者（左 1）和太太（左 2）與台大醫院許文明醫師（中）和其他與會台灣同仁在科隆市區留影。

跨越海峽為兒童，學術交流在腫瘤

筆者在二〇〇五年至二〇〇六年，擔任兩年一任的臺灣小兒外科醫學會理事長。剛上任不久，就接到臺大醫院洪文宗教授的電話，詢問我有沒有意願參加大陸重慶舉辦的「海峽兩岸兒童腫瘤研討會」？原來他和首都醫科大學的張金哲院士、重慶醫科大學的金先慶教授和香港大學的譚廣亨教授，已經就這研討會醞釀一段時間，就等各方招兵買馬，以便成行。

筆者既然主掌臺灣小兒外科醫學會，在當時海峽兩岸學術交流尚稱熱絡的狀況下，就一口打答應了。第一屆「海峽兩岸兒童腫瘤研討會」於二〇〇五年十月十九日至二十二日在重慶醫科大學兒童醫院舉行。與會的台灣小兒外科醫師，除台大洪文宗教授夫婦，還包括新光醫院葉明倫、台中中山大學巫堂鍙夫婦、彰基李建興以及筆者。大陸本土各省市醫師及香港大學譚廣亨及陳志峰共七十一名參加。

我們一行人從香港轉機抵達重慶，當時的機場比較老舊，燈光也相對黯淡。（圖 8.10）主辦人重慶醫科大學校長金先慶教授第一晚設宴在「外婆橋」餐廳，為我們接風，非常有意思。這個「外婆」也不辱使命，從此搭起兩岸三地兒童腫瘤的學術交流！晚宴後，我們到重慶南岸的南山一棵樹，隔長江欣賞重慶市夜景。當時陪伴的小唐誇耀重慶市夜景不輸香港（圖 8.11）。的確，僅僅三年前，我和家人從武漢搭郵輪逆長江而上，遊歷三峽，夜

▲ 圖 8.10 抵達重慶機場，一行人合照。

▲ 圖 8.11 從南山一棵樹，隔江欣賞重慶市夜景。

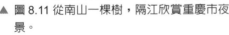

晚抵達重慶時，江邊燈火暗淡，和三年後的燈火通明形成強烈對比。

從報到、開幕到會議的進行，中間穿插團體照，並設立獎金獎勵年輕研究有成的醫師或研究員，俱見金教授領導團隊的用心。第一天的團體照很快洗出來，在最後一天惜別晚宴時發給所有參加的人，變成大家珍惜的禮品，也形成「海峽兩岸兒童腫瘤研討會」沿襲下來的特色。

大會的開幕式非常隆重，除了貴賓致詞，現場有樂團表演，中間還穿插小喇叭及小提琴的表演。（圖8.12）大會報告的內容，比我們想像的多元。從比較惡性的固態瘤如神經母細胞瘤、腎母細胞瘤（威爾姆氏瘤）、肝母細胞瘤等，到相對良性的腫瘤如畸胎瘤、血管瘤、淋巴管瘤等，以及居間的卵巢瘤、睪丸瘤及軟組織腫瘤。當然還有其他罕見的兒童腫瘤，都在大會上有人提出報告。從電腦三維診斷、基因及腫瘤分子生物學的探討，到中藥及各種實驗性藥物的治療，乃至於切除固態瘤手術方法的精進，內容五花八門，簡直像兒童腫瘤的博覽會。這也是大會有容乃大，吸引人想一再地參加，而且一直到二〇二〇年連續不間斷地舉辦的原因。

金教授很有心地組織兩岸三地核心團員，議定下回開會的時間及地點。原訂兩年一次在兩岸三地輪流舉辦，大陸地方大人也多，所以會多一些舉辦次數。緊接著重慶之後，大家多期望臺灣接辦。我也順水推舟答應在二〇〇六年舉辦，這是因為我擔任理事長任期的關係，大家當然打鐵趁熱、樂觀其成。

儘管公務繁忙，金教授和夫人徐西華醫師還安排並陪我們夜遊嘉陵江。（圖 8.13）

▲ 圖 8.12 隆重的開幕式。

▲ 圖 8.13 大會安排夜遊嘉陵江，從朝天門出發欣賞重慶市江邊燈火絢爛的夜景。在船上自左至右（前排）巫堂鎏及太太，金先慶教授夫人徐西華及金教授（後排）李建興、葉明倫和筆者留下愜意的鏡頭。

大會還安排到知名的重慶市大足縣境內的大足寶頂石刻參觀，這石刻有一千三百年歷史，文物古蹟頗為可觀。最重要的是，洪教授及夫人也一同參觀，留下難得的鏡頭。（圖 8.14）

有二○○五年第一屆「海峽兩岸兒童腫瘤研討會」的創舉，筆者二○○六年九月二十一至二十三日在高雄長庚醫院舉辦第二屆，就等於蕭規曹隨，方便許多。與會大陸及香港來賓有三十一位，除了北京、重慶、上海、天津、杭州等大都市有代表參加，也有來自鄭州、武漢、廣西南寧、遼寧瀋陽、以及山東濟南、臨淄、煙台等地的專家學者與會。加上台灣小兒外科及小兒血液

▲ 圖 8.14 十月二十一日一行人到知名的重慶市大足縣境內的大足寶頂石刻參觀（自左至右）巫太太、洪教授夫人、巫主任、洪教授、李主任、葉主任及筆者在臥佛前留影。

▲ 圖 8.15 第二屆海峽兩岸兒童腫瘤研討會和臺灣小兒外科醫學會年會一起舉辦，九月二十二日在高雄長庚醫院六樓紅廳的會議室，貴賓齊聚。第一排從右至左，分別是林哲男、漥田昭男教授、張金哲院士及洪文宗教授夫婦，洪教授手拿麥克風發言。

腫瘤科醫師也有近三十位參加，濟濟多士，齊聚一堂，發表論文七十篇。金先慶教授、唐顯嘉女士，中華醫學會負責對外連絡部的侯充經理，以及小兒外科學分會賈美萍老師的積極協調協助，功不可沒。

兩岸人民都已經習慣使用簡體字或繁體字多年，我開啟先例，推出簡體字和繁體字版的論文摘要及大會貴賓致詞等事項，並陳在大會手冊裡面，方便彼此翻開閱讀。自此以後的「海峽兩岸兒童腫瘤研討會」手冊，也都比照。歡迎酒會選在來賓下榻的高雄國賓飯店，席間互動熱絡，夜晚還遊覽愛河。在高雄長庚醫院的會議，大家踴躍出席發言，張金哲院士及洪文宗教授夫婦也連袂出席，和大會邀請至臺灣小兒外科醫學會演講的漥田昭男教授坐在一起（圖8.15）。大會中間，大陸同仁也參觀我們小兒外科病房（圖8.16）。

二十二日的大會晚宴，席設以海鮮聞名的「蟳之屋」海鮮餐廳，而二十三日的惜別晚宴，設在高雄圓山飯店，有期許第二屆「海峽兩岸兒童腫瘤研討會」及「台灣小兒外科醫學會」都圓滿成功之意。席間，已經答應接辦第三屆「海峽兩岸兒童腫瘤研討會」的上海交通大學附屬上海兒童醫學中心的吳曄明教授，和新華醫院的金惠明教授，一起和主辦第一屆的金先慶教授及筆者，留

▲ 圖 8.16 大陸同仁參觀小兒外科病房，吳曄明教授（中間）正打開話匣子和病房護理長討論。

下鏡頭，共同祈望繼往開來。（圖 8.17）有趣的是，張院士一時興起秀他的拿手好戲變魔術，讓大家在享受口福之餘，也飽眼福。

張院士生日在九月二十五日，參會的大陸同仁在九月二十四日上阿里山遊覽之後，九月二十五日下山順道遊日月潭，我們安排在日月潭涵碧樓面對美麗湖景的西餐廳餐敘，為張院士八十六歲生日慶生。在眾人合唱生日快樂歌及祝福聲中，張院士和夫人沈恩濂女士，合力切下蛋糕，留下難得的回憶。（圖 8.18）

▲ 圖 8.17（自左至右） 第三、一、二屆海峽兩岸兒童腫瘤研討會主持人吳曄明、金先慶、莊錦豪和金惠明教授聚首圓山、期共創未來。

▲ 圖 8.18 衆人為張院士慶生後在日月潭涵碧樓合影留念，張院士和夫人沈恩濂女士坐前排，後排有金先慶（左 1）、滏田昭男（左 3,4）及巫堂鋆夫婦（右 1,2）以及筆者和太太。

第三屆「海峽兩岸兒童腫瘤研討會」，於二〇〇八年十月十日至十三日在上海浦東兒童醫學中心舉行。台灣報名參加者空前地踴躍，包括高雄長庚醫院小兒血液腫瘤科蕭志誠、沈俊明以及陳昱潔，病理科黃昭誠、黃玄贏以及筆者及內人，此外還有台大醫院許文明醫師及李雅玲護理師、新光吳火獅記念醫院趙鈞志、中國醫藥大學林哲男夫婦、中山醫學大學附設醫院巫堂鑾夫婦、邱于倫、黃漢斌及高雄義大醫院葉明倫夫婦，一行二十人。

此行第一個讓我們驚喜的是上海交通大學附屬新華醫院的施誠仁教授及夫人，為我們設宴接風。（圖 8.19）

晚宴後，陳其民醫師帶隊，大家坐巴

◀ 圖 8.19 施誠仁教授及夫人（前排左 2.3）歡宴台灣醫師及太太，和前排巫堂鑾（左 1）、王佩文、莊錦豪（左 4,5），林哲男及夫人（右 1,2），以及後排（自左至右）許文明、李雅玲、陳昱潔、葉明倫太太、沈俊明及太太、陳其民、葉明倫、蕭志誠、黃玄贏、黃昭誠、趙鈞志合影。

士到黃埔江邊欣賞夜景。本次大會參與者陣容龐大，有一百三十五篇論文發表，可謂盛況空前。

大會主持人吳曄明教授在報到大廳門口迎接大家，前後兩屆主持人當然見面八分情，毫不猶豫合影留念。（圖8.20）當然張院士也趕來參加，天津腫瘤醫院的張廣超教授是舊識，不常在一起照相，這次被筆者逮到機會合影。（圖8.21）很難得的是，上海胸科醫院

▲ 圖8.20 筆者和吳曄明教授攝於報到大廳門口。

▲ 圖8.21 張廣超（右2）、張院士及台灣林哲男、葉明倫及筆者合影。

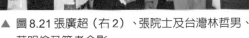

胸外科主任高成新教授，是筆者一九八四至八五年在加拿大進修時一起做研究的伙伴，在他非常忙碌的行程中，也特別安排時間和我們在飯店見面，談及憶往，不勝唏噓。

十月十二日下午大會安排上海洋山港半日遊，洋山港位於上海東南外海的浙江省嵊泗縣崎嶇列島的一個大型深水海港，後來和其他港區，包括黃浦江兩岸及長江入海口南岸的港口，合稱上海港，目前吞吐量世界第一。

大會結束後一起去黃山旅遊，在山上住宿兩晚，天空作美，大家玩得不亦樂乎。在一顆團結松前，眾人留影。（圖 8.22）病理科黃玄贏醫師因下背痛，在黃山下坡

▲ 圖 8.22 衆人在黃山上團結松前留影。

▲ 圖 8.23 黃玄贏和黃昭誠攝於三童拜觀音的石山前。

段一路坐滑竿，據說在很多懸崖邊的陡坡，人被甩來甩去，深怕被甩下萬丈深淵，一路驚險萬分。四腳程有別，他和同科黃昭誠醫師在三童拜觀音的石山前，也留下難得的鏡頭。（圖 8.23）

第四屆「海峽兩岸兒童腫瘤研討會」於二〇一〇年十一月五至六日，在香港大學醫學院蒙民偉大樓舉行。由於事前聯繫有一點狀況，台灣參加的包括筆者及本科李蕙鳴，小兒血液腫瘤科沈俊明，以及嘉義長庚醫院小兒外科王世憲主任夫婦總共才五人。第一天遇到陳志峰教授，格外開心，因為前幾次海峽兩岸兒童腫瘤研討會，他都積極參加，我們已經變成老朋友。（圖 8.24）大會期間，我們也在黃格元教

授帶領下，參訪香港大學附屬瑪麗醫院小兒外科病房。（圖 8.25）

大陸報名、寄出摘要並希望參加的很踴躍，實際到會場的人不如預期。張金哲院士、施誠仁、金先慶及吳曄明教授都參加。主辦人譚廣亨教授請來當時擔任 JPS 主編，美國印地安納州的 Jay L. Grosfeld 做開幕演說，追蹤神經母細胞瘤治療的長期結果。發現整體治療成績有進步，但是追蹤達三十年，病人遭遇各種慢性病的機會高達百分之七十，有將近三分之一嚴重危害生命。所以他語重心長地說成功要付出代價，希望新的醫療能帶來較少的代價。

▲ 圖 8.24 王世憲、陳志峰、莊錦豪、沈俊明、李蕙鳴（自左至右）在國父孫中山的銅像前合照。

▲ 圖 8.25 黃格元教授（左 1）帶領我們參訪香港大學附屬瑪麗醫院小兒外科病房。

學生厭學要調整，兩岸交流趣事多

在香港研討會的組委會上，來自於東北長春的王華龍醫師，主動爭取下一屆在長春市舉辦，原先打算由北京主辦第五屆會議的張金哲院士及王煥民教授，倒是非常客氣，想聽聽我的意見。我說台灣民眾去過東北，特別是長春的人非常少，大家參與在東北開會的意願會比在北京強。看到台灣到香港參加會議的人很少，張院士及王教授毫不猶豫地讓步給王華龍醫師，令我們非常感動，也因此參加二〇一二年九月十四日至十六日在長春市舉行的第五屆「海峽兩岸兒童腫瘤研討會」，並打算一睹東北風光的人特別踴躍。一行三十三人，其中參與開會的醫護同仁達十三人，包括林哲男、葉明倫、巫堂鑾、許文明、謝明諭、黃富煥、李信儀、江俊宏、劉凱雯、沈俊明、陳昱潔、李雅玲及筆者，其他二十人為眷屬或朋友，包括我太太和岳父以及許德引醫師、詹富和董事長等帶隊共襄盛舉。

二〇一二年九月十四日參與開會的同仁從住宿的香格里拉飯店出發前往松苑賓館報到。松苑賓館曾是日本佔領東北時關東軍司令長官官邸園，建於一九三三年，現在是吉林省唯一一座位於市中心的園林式現代化賓館。我們報到時，長春市兒童醫院張曉杰院長已經在那裡迎接我們，林哲男教授和筆者有賓至如歸的感覺，很高興地一起在報到大廳合影。（圖8.26）畢竟歷史悠久，賓館古木參天，曲徑通幽，很有特色，大家忍不住多照相。（圖8.27）

▲ 圖 8.26 林哲男、張曉杰院長及筆者於松苑賓館報到大廳合影。

▲ 圖 8.27 完成報到後，林哲男、方武忠及筆者在松苑賓館前合照。

本次大會共收集一百一十篇稿件包括台灣的十三篇，內容豐富，不必贅述。大會晚宴於九月十五日晚上在松苑賓館舉行，有七十年歷史的宴會大廳，氣派非凡。晚宴杯觥交錯，氣氛熱絡。吳曄明、張曉杰及筆者合影，分別代表前後三屆海峽兩岸兒童腫瘤研討會主辦人，譚廣亨教授因事未參加晚宴。台灣團員也完成一張大合照留念。（圖 8.28）

長春市在大陸是二線或三線城市，建設在起步，市民步調雖然不像上海等一線城市快，但可能也不輕鬆。出來逛街時，居然在路邊看到一塊非常大的廣告看板，上面寫著「學生厭學心理調整專業機構」，看板上當然附上機構名稱及電話號碼。（圖

▲ 圖 8.28 台灣團員在松苑賓館宴會大廳合影。

8.29）當時看了不禁莞爾，繼而想想這裡的學生壓力還真不小，厭學到有那麼大的商機，引來專業機構的設立。

偽滿皇宮博物院（圖 8.30）是主辦單位安排的參訪景點，非常有特色，它是清朝末代皇帝愛新覺羅・溥儀充當偽滿洲國傀儡皇帝時的宮殿，溥儀曾在一九三二至一九四五年間

▲ 圖 8.29 長春市路邊超大廣告看板，寫著「學生厭學心理調整專業機構」，因為廣告又大又長，只好斜照。

▲ 圖 8.30 台灣團參訪偽滿皇宮博物院。

居住這裡。主管單位還原了溥儀曾經生活和工作的環境，也展示著大量的史料和文物，讓人們瞭解末代皇帝的前半生以及日軍侵華的罪證。後者包括一張名為「優華日軍慰問團」的照片，展示一排穿軍服、掛臂章的年輕慰安婦。當然也有小小的御花園，供溥儀「散步詠涼天」。

我們這一行人之前都沒有人到過東北，千里迢迢跑一趟，當然想藉機一睹長白山及哈爾濱風光。所以，會議結束後就驅車長征長白山。長春市到長白山距離超過四百公里，坐車至少六小時，不過，一路賞秋景，賞心悅目不覺疲累。倒是從長白山景區入口，搭他們配置的麵包車上山，道路彎彎曲曲不用說，司機開得又快又狠，接近長白山時一片霧茫茫，視線非常不好，每個人都感覺像賭命一樣驚險萬分。好不容易到了山頂，霧氣更重，寒氣逼人，每個人都臨時租件雪衣套上，才能開步走到長白山天池邊。霧氣濃厚到彷彿黑夜，看不見三公尺外的人，當然也看不到天池，眾人只能一個接著一個站在標示天池的地標牌坊邊照張相留念。

匆匆下山，每一個人都難免流露失望之情。不過，看不到天池真面目，是常有的事。據說，大陸有個領導人來了六次，都無緣見天池全貌，我們只這麼一次，就不算灰頭土臉了。倒是長白山景區風景優美，大家重拾興緻，在一個有高山瀑布的山坳處，留下一張快樂的

鏡頭。（圖 8.31）

從長白山到哈爾濱路途相當遙遠，不過，也讓我們見識東北何以成為大陸大穀倉的地理優勢。哈爾濱是充滿俄羅斯風情的城市，我們還特別造訪松花江畔的「俄羅斯風情小鎮」，進一步體驗傳統俄羅斯人的生活百態。在哈爾濱索菲亞教堂前，留下眾星雲集的倩影，為這次難得的東北行劃下滿意的句點。（圖 8.32）

▲ 圖 8.31 台灣團在長白山一處有高山瀑布、風景優美的地方合照。

▲ 圖 8.32 在哈爾濱索菲亞教堂前，眾人留下哈爾濱旅遊的證明。

時隔八年，第六屆「海峽兩岸兒童腫瘤研討會」又輪到台灣主辦，筆者繼續擔綱，地點選在日月潭的教師會館。並且和第十五屆台灣小兒外科醫學會的大會一起合辦，事前徵得當時學會理事長，也是台北榮民總醫院小兒外科主任錢大維的同意。由於兩岸交流順暢，到二〇一四年八月，報名參加的大陸專家學者高達八十一人，可惜到開會時的二〇一四年十月十日至十二日，能到台灣參加會議的只有四十六人。即便如此，我們仍然非常高興接待比第二屆多很多的朋友，參與這場盛會。

張院士不克參加，但請王煥民教授和賈美萍老師帶來祝賀詞。我們力邀長春市兒童醫院張曉杰院長參會，他也欣然同意，但因臨時有事不克前來。除此之外，我們認識的朋友幾乎都來了，論文七十九篇，依慣例，其中四十九篇在大會上口頭發言或在海報前發言，另外三十篇收錄在大會手冊公開陳列但不發表。

歡迎晚宴，設在水社碼頭邊的日月潭大淶閣飯店，因為和台灣小兒外科醫學會合辦，人多氣氛非常熱絡，筆者很高興看到香港大學譚廣亨副校長和夫人一起來。當然，大陸許多省市都有同好參與，特別是想主辦下一次大會的浙江大學杭州兒童醫院，在舒強院長帶領下，踴躍參與這次的會議，包括積極主動參與會議細節的王金湖醫師。會議地點選在日月潭的教師會館，其實經過筆者一再考察，並且和負責教師會館業務的胡啟瑞組長再三確認場地的合宜性，才確定下來。教師會館三樓的大型會場可以容納兩百人與會，外面可看湖景，內部空間大到開會之餘，後面還可以擺放二十多張壁報看板，內外視覺效果也都非常好。（圖 8.33）二樓與一樓的中型及小型會議室，可容納一百人及四十人與會，我們也充分使用。

日月潭教師會館緊鄰風景絕佳的涵碧樓，大會的中餐及晚餐就在涵碧樓中餐廳。十一日在大型會場（大講堂）的開幕式，筆者特別頒發紀念品給方武忠醫師，感謝他致贈每位貴賓一包產於高雄縣高樹鄉的靜星咖啡，筆者特別強調這是由患有自閉症但自力更生的一位年

▲ 圖 8.33 大會在日月潭教師會館的大型會場（大講堂）舉行，效果很好。

輕人及其父母協助下生產的台灣咖啡，意義自然非凡。（圖 8.34）

這次大會節目格外精彩。在演講前，金先慶教授致贈歷屆參會有功同仁紀念品。（圖 8.35）我們邀請享譽國際神經母細胞瘤 Shimada 分類發明人 Hiroyuki Shimada 教授演講神經母細胞瘤病理的最新進展，由筆者及譚廣亨教授主持，演講後台灣小兒外科醫學會錢大維理事長及筆者共同頒發感謝牌及紀念品。（圖 8.36）黃玄贏主任演講骨骼及軟組織瘤，由金先慶及陳志峰教授主持，也很精彩，演講後由陳志峰教授頒感謝牌及紀念品。（圖 8.36 右上角）

在中型會議室開會的效果也非常

▲ 圖 8.34 筆者介紹靜星咖啡的緣由，並致贈紀念品給方醫師（右上角）。

▲ 圖 8.35 金先慶教授致贈歷屆參會有功同仁紀念品後一起留影。

▲ 圖 8.36 演講後錢大維及筆者共同頒發感謝牌及紀念品給 Shimada，右上角陳志峰頒感謝牌及紀念品給黃玄贏。

好，圖 8.37 中可見王煥民教授站起來評論。在台灣小兒外科醫學會的大會演講，則安排林哲男講座教授演講：半世紀來的台灣外科，當然令與會者有發聾振聵、承先啟後的使命感。

大會晚宴一樣地設在涵碧樓中餐廳，和台灣小兒外科醫學會合辦，大家互動非常熱絡。筆者和錢大維理事長一起和大家敬酒並頒獎給榮獲海報第一名的劉偉。筆者和下一屆主辦人舒強教授在晚宴留影（圖 8.38）。本次大會的順利進行，特別感謝本院李信儀、江俊宏、李麗華、周明慧、陳怡雅及台灣小兒外科醫學會秘書劉嘉珮等人的幫忙。

▲ 圖 8.37 王煥民教授站起來評論。

▲ 圖 8.38 大會晚宴筆者和舒強教授合影。

最憶是杭州，莫名爨底下

二〇一六年海峽兩岸兒童腫瘤研討會，於十一月四日至五日在大陸浙江省杭州市舉行，由杭州兒童醫院主辦。舒強院長領軍，小兒腫瘤外科王金湖主任操盤，非常用心籌辦大會。浙江大學杭州兒童醫院有一千八百張病床，實際開放一千三百張，規模已經相當驚人。位於錢塘江南側新開發區江南大道上，整區很新也很像上海浦東，發展潛力無窮。

這次台灣有八位報名發表文章，占大會收集七十四篇稿件中相當比例，另外有三位隨行人員，共十一人。陣容不大，但是涵蓋台灣研究兒童腫瘤的菁英份子。報到設在我們投宿的華美達酒店，王金湖主任已經在那裡迎接我們，也碰到香港大學黃格元教授，老友相見，大家很高興合影留念。（圖8.39）下午沒事，大夥兒就遊覽西湖、靈隱寺及飛來峰。最值得記上一筆的是晚上的節目，因為我們來的時間，碰巧在二十國集團第十一次峰會於二〇一六年九月四日至五日在杭州舉辦（2016 G20 Hangzhou summit），我們的會議也因此沾光。包括筆者在內，很多人都看過張藝謀製作的第一個大型歌舞秀節目《印象西湖》，也多留下非常深刻的印象。這回為舉辦這麼重要的國際性會議，不但杭州市容煥然一新，西湖畔的大型歌舞秀也改頭換面，變成《最憶是杭州》，精彩程度更勝以往，令人嘆為觀止，節目尾聲秀出G20。（圖8.40）

▲ 圖8.39 報到大廳衆人留影，（自左至右）陳昱潔、林俐伶、王世憲、黃格元、李信儀、筆者、王金湖及許文明。

▲ 圖8.40 衆人在看「最憶是杭州」節目尾聲秀出G20。

為使節目順利進行，除貴賓大會發言外，大會接受二十五篇壁報論文，並安排金先慶、吳曄明、舒強、黃格元、趙強、李龍、馮傑雄、董蘄然、丁涓及筆者等十位當評審委員。我特別列出評審委員名單，一方面突顯大會對鼓勵年輕研究員的重視，另一方面，武漢同濟醫院小兒外科主任馮傑雄教授，和我一起參加過於二〇〇五年五月在亞利桑那州鳳凰城舉行的第三十六屆美國小兒外科醫學會，是舊識，這回異地重逢，自然格外親切。（圖8.41）因為厲行打貪，大會晚宴低調地在杭幫菜博物館舉辦。大家仍然興緻高昂，拼酒不斷，為這次大會留下美好的回憶。（圖8.42）

▲ 圖 8.41 海報論文評審，大家都很用心，筆者右側第二位是馮傑雄教授。左下角是我和馮教授 2005 年在美國鳳凰城開會時的合照。

在醫師忙著開會之際，我們也為眷屬安排參觀西溪國家濕地公園、胡雪巖故居及明清河坊街的行程。會議完後我們一起遊覽紹興，包括蘭亭、魯迅故里及沈園，之後游覽蘇州拙政園及寒山寺等名勝古蹟。

我們在杭州住宿的華美達酒店，靠近京杭運河，第一晚及第二大白天就來回遊覽，留下有趣的對比鏡頭。在遊覽寒山寺時，一行十人在「和合」石塊前合影。（圖 8.43）寒山

▲ 圖 8.42 大會晚宴上，李醫師、施誠仁、譚廣亨、舒強及筆者合影（自左至右）。

▲ 圖 8.43 團體遊覽寒山寺，在「和合」石塊前合影，（自左至右）前排：許雅純、林俐伶、佩文、筆者及陳芸。後排：許文明、王世憲、李信儀、盧姿蓉及蔡雅慧。

寺是因寒山與拾得兩位高僧得名，清朝雍正帝冊封寒山為「妙覺普渡和聖寒山大士」簡稱「和聖」，拾得為「妙覺普渡合聖拾得大士」，簡稱「合聖」，自此兩人以「和合二仙」揚名，為掌管和平與喜樂的神仙。據說能保佑世間朋友友誼長存，情侶情意綿長。晚上安排品茗並觀賞蘇州評彈，蘇州評彈是評話和彈詞兩種曲藝形式的合稱，流行於江南地區，內容大都是以中國歷代興亡的英雄史詩和俠義公案為題材。評話的表演風格比較粗獷豪放，彈詞的表演風格比較纖細柔和，男女合演，剛柔並濟。（圖 8.44）眾人也在餘音嫋嫋中結束杭州會議。

第八屆海峽兩岸兒童腫瘤學術研討會

▲ 圖 8.44 一行人觀賞蘇州評彈。

▲ 圖 8.45 北京國際會議中心報到時，王煥民教授（站立左側第一位）及賈美萍老師（蹲下來左側第一位）熱烈歡迎我們，站立最右側為王珊教授。

於二〇一八年五月二十五日至二十八日在大陸北京國際會議中心召開，和中國工程院第八屆兒童腫瘤高峰論壇一起舉行。本次會議主題以臨床上兒童腫瘤治療策略與病例探討分析為重，發表論文共一百四十二篇，包含專家講座、大會發言、壁報交流及書面交流。台灣實際參會者十一名，包括林哲男、巫堂鋆、葉明倫、王世憲、陳芸、謝志松、李信儀、筆者以及找的三位研究助理陳亭雅、吳敏翠及廖沛琳，隨行除了醫師太太，裡面還包括我們醫院耳鼻喉科莊蕙青醫師及我太太的研究助理張家祥，合計同仁及眷屬共十八人，也是不小的團體。住宿安排在北京諾金酒店，下榻安排妥善後，我們就到國際會議中心報到。王煥民教授及賈美萍老師在報到處迎接我們，也碰到重慶來的王珊教授，寒暄一陣子就合影留念。（圖 8.45）開會前空檔時間，大夥就逛天壇、天安門廣場及故宮紫禁城等地方。（圖 8.46）

迎賓晚宴設在北京近郊乳香飄蒙古烤肉的大帳篷內舉行，非常有蒙古風味，用餐前還為貴賓送上藍色哈達，祝福大家萬事吉祥、美好如意。（圖 8.47 及圖 8.48）開幕儀式相當隆重且有深意，一方面前七次會議因張金哲院士謙讓，就繞過去。另一方面，張院士已經高齡九十八，夫人沈恩濂女士剛走不久，大家就沒有異議，在北京舉行第八屆海峽兩岸兒童腫瘤學術研討會。我們特別準備標誌「大智慧」的琉璃，由林哲男教授代表台灣團隊送給張院

▲ 圖 8.46 團隊成員在天壇祈年殿前合影。

▲ 圖 8.47 團隊成員在乳香飄蒙古烤肉的大帳篷前合照。

▲ 圖 8.48 晚宴前獻藍色哈達儀式，右下角為披上哈達後的團體照。

士，（圖 8.49）張院士後來也回贈禮物給我們每個人包括筆者。（圖 8.50）

大會會場相當寬敞明亮，筆者顯示的照片是亞東醫院陳芸副院長演講時所照。（圖 8.51）陳芸副院長因公務繁忙，專程來演講，會後匆匆趕回台灣。最令人感動的，莫過於張院士不僅上台演講，會議進行中，和我們一起坐在台下聆聽，很不可思議。（圖 8.52）中午請我們吃飯時，還表演他拿手的魔術，逗得旁邊人樂不可支！

筆者在專家講座中，演講〈海峽兩岸兒童腫瘤研討會的回顧與展望〉，細數二〇〇五年至二〇一六年，兩岸三地會議的花架與演進。大陸發表的論文，無論質

▲ 圖 8.49 台灣團隊由林哲男教授代表致贈張院士「大智慧」琉璃。

▲ 圖 8.50 張院士致贈筆者他的大作。

▲ 圖 8.51 陳芸副院長在做大會演講。

▲ 圖 8.52 張院士於會議進行中，和我們一起坐在台下聆聽。

與量，在經歷這麼多年以來，都有驚人的進展，尤其臨床方面，由於病人多，設備新穎又肯努力，治病的成果不斷提升，相當令人側目。

自第一屆以來，「海峽兩岸兒童腫瘤研討會」都有團體照，讓所有與會者都感覺像是一個家庭裡的成員。二〇一八年自然也不例外，以張院士為中心依序排開，儘管在室內拍照。效果也很好。（圖 8.53）

在參會同仁開會同時，眷屬也安排遊覽北海公園，在什剎海乘坐三輪車遊胡同，並搭車繞鳥巢、水立方一圈，最後逛王府井大街。

會議完後，大家一起到新興景點爨底下村一遊。這村子的名字非常特別，「爨」

▲ 圖 8.53 第八屆「海峽兩岸兒童腫瘤學術研討會」團體照。

▲ 圖 8.54 爨底下村旅遊，衆人吃完午餐後合照。

（注音：ㄘㄨㄢˋ）字為象形字，有兩個含義，一為「燒火煮飯」，一為「爐灶」。爨底下村，位於北京市門頭溝區齋堂鎮，距離北京兩個多小時車程，是一座始建於明朝的古村落。村內至今仍完整保留大量清朝民居。二〇〇一年被列為北京市文物保護單位，該村村民說，爨底下村居民大部分姓韓，韓與「寒」同音。該村取名「爨底下」，意為躲避嚴寒。實際上據資料記載，明朝在如今的爨底下村上方興建了軍事隘口「爨里口」，這村莊位於隘口下方故得名。無論如何，來回近五小時，除了回味兒時落後光景，整體而言不是很划算。（圖 8.54）

回北京當晚，旅行社安排了金面王

朝秀。「金面王朝」是華僑城集團以世界第九大奇蹟「三星堆」文化為背景，二〇〇七年八月開始公演的大型舞蹈史詩巨作。透過「戰爭」、「桑田」、「鍛造」、「慶典」、「月下」、「洪水」、「祭天」、「幻化」八大章節，在三百六十度翻轉的舞臺上，兩個部落激烈酣戰，最後金面女王一統天下，創造出母系社會。（圖 8.55）

此行最精彩的景點，應該是驅車前往北京市北郊的懷柔縣，遊覽慕田峪長城。慕田峪城牆有敵台（峰火台）二十二座，最高的敵樓海拔為五百四十公尺。慕田峪關門是由三座空心城台所組成，與八達嶺、山海關、雁門關的關門形式大不相同，地處燕山山脈的軍都山，山巒起伏，樹木繁

▲ 圖 8.55 觀賞金面王朝秀前合影。

▲ 圖 8.56 慕田峪長城旅遊，巫醫師及太太登上長城和美女們合影。左下角是葉醫師及筆者夫妻檔留影，背後可見盤踞山頭、綿延不斷的長城。

▲ 圖 8.57 美女們成列在頤和園長廊前留下愜意鏡頭。

多，自然環境非常優美。當天天氣好，一行人都玩得不亦樂乎！（圖 8.56）眾人在頤和園和圓明園遊覽後，畫下此行句點。（圖 8.57）

在新冠病毒肆虐全球下，第九屆兩岸三地兒童腫瘤會議，由香港大學小兒外科主辦，也和第三屆亞洲神經母細胞瘤會議一併於二〇二〇年十一月二十八日線上方式舉行。會後統計有二百一十九人／單位連上線參加。參加會議者討論熱絡，毫無冷場，幾乎和現場參加會議無異，相當不容易。

在第九屆兩岸三地兒童腫瘤會議部分，有十七個題目報告，本院小兒外科就占三個。我和大家分享的題目是〈病

◀ 圖 8.58 第九屆兩岸三地兒童腫瘤會議和第三屆亞洲神經母細胞瘤會議後，線上合照。筆者團隊在左上角，右下角是打算主辦下次會議的天津醫大腫瘤醫院趙強院長，緊接在他旁邊的是張院士、王煥民教授及賈美萍老師同框露臉。

毒攬局下兩岸三地兒童腫瘤會議瞻望兼論神經母細胞瘤的研究進展〉，特別提到百歲嵩壽的張金哲院士，再度在網上和大家分享他從事兒童腫瘤的心得，非常難得。也提到二〇一八年十一月我們這個會議的創辦人金先慶教授過世，令大家相當不捨。我的助理吳敏翠報告：去甲基化藥物透過先天免疫在神經母細胞瘤引起粒線體壓力及死亡。總住院醫師蔡逸文報告〈重新審視神經母細胞瘤在兒童及成人的臨床特性〉，都相當有見地。另外，病理科黃玄贏教授和大家報告非常困難診斷、分類的軟組織腫瘤，他參與世界衛生組織制定新分類版本的心得。在第三屆亞洲神經母細胞瘤會議部分，除了兩會共同的六個題目，在另一虛擬會場，也有十一個題目提報。最後在網上合照，留下難得的鏡頭。（圖8.58）

兩岸三地兒童腫瘤會議自二〇〇五年開始延續至今未中輟，成為海峽兩岸三地極少數還在交流，且時間夠長的學術盛會，也做到「跨越海峽為兒童，學術交流在腫瘤」的題旨。在此特別感謝所有提供幫助的人，包括有些引用的照片，不克一一致謝，也請多多包涵。

解人之急成莫逆，續為台日銜命去

二〇〇九年一月我收到好友漥田昭男的一封電子郵件，字裡行間透露出很不尋常的訊息。他是日本消化系外科醫學會節目委員會的成員，負責安排即將於當年七月十七日第六十四回年會的外賓演講。節目的名稱就是「和國外專家貴賓懇談」，這節目從二〇〇〇年開始，成為日本消化系外科醫學會年會的重點。他們邀請的對象，當然都是歐美及亞洲消化系外科醫學的專家，也多是該領域頂尖或至少是大老級人物。漥田昭男在一年前就專程飛到台灣，邀請台大醫院陳楷模教授蒞臨演講。陳楷模教授是台灣消化系外科醫學會首任理事長，當然是被大會邀請的不二人選。陳教授當下答應，但不知何故，在一月初聯絡再確認時，回絕邀請。節目已經排定，漥田不曉得找誰可以代打，急得像熱鍋上的螞蟻，輾轉找上林哲男教授，林教授推薦我，我當時是台灣外科醫學會的理事，也是台灣消化系外科醫學會的會員，但是，若論消化系外科的輩份資歷，實在排不上。幾經電子郵件協商，無法婉拒，才終於上陣。

當初日方的構想應該是希望陳教授講台灣外科的歷史演變，我也順勢從清朝馬雅各到台灣行醫，開啟西方醫學再談到日治時代澤田平十郎及河石九二大領導臺北帝國大學第一及第二外科。戰後高天成、林天祐及張先林的特殊貢獻，使外科得以傳承下來。也提到美式醫學教育及訓練制度，以及台灣公、勞保的沿革對外科發展的影響。這些都是外科過往輝煌騰達的一面。

但是，我演講最後定案的題目卻是〈外科在台灣逐漸失去光澤嗎？〉（Is surgery loosing luster in Taiwan），因為台灣和日本，乃至於美國的外科界，都一樣從戰後曾經有過的美好時光，一起面臨外科走下坡的問題。在二〇〇九年四月發行的《日本醫界》（Nikkei Medical）即以「外科崩壞」的聳動標題做為刊頭（圖8.59），詳細列舉緣由，例如二十九歲以下走外科這一行的，在一九九六年有三千兩百二十九人，到二〇〇六年只剩一千一百六十四人，十年間縮減幾乎三分之二！原因很多，付出與報酬不成比例，是主要原因之一。筆者的報告也指出一九九五年台灣實施全民健保，當時給付闌尾切除術三千兩百二十五元台幣，相當於一百美元，而洗腎（血液透析）一次的費用是四千元，相當於一百二十三美元。如此勞務不均，付出與收入差距如此之大，造成台灣年輕醫師願意走外科的人驟減。醫院評鑑及二〇〇三年的SARS更雪上加霜，直到後來健保給付大幅改善，引進專科護理師制度，改善外科醫師的勞務，強化訓練制度，才逐漸扭轉外科的劣勢。

我花了幾個月的心血準備所有的內容，定稿後還拜託好友方武忠醫師拿給陳楷模教授過目同意後才上路。圖8.60是我投影片的抬頭，除了筆者，林哲男及陳楷模教授也當然列為共同演說人。

準備就緒，我和方武忠醫師一起到日本大阪參加日本消化系外科醫學會第六十四回年會。漥田非常感謝我伸出及時

◀ 圖 8.59 在二〇〇九年四月發行的《日本醫界》（Nikkei Medical），以「外科崩壞」的標題做為刊頭。

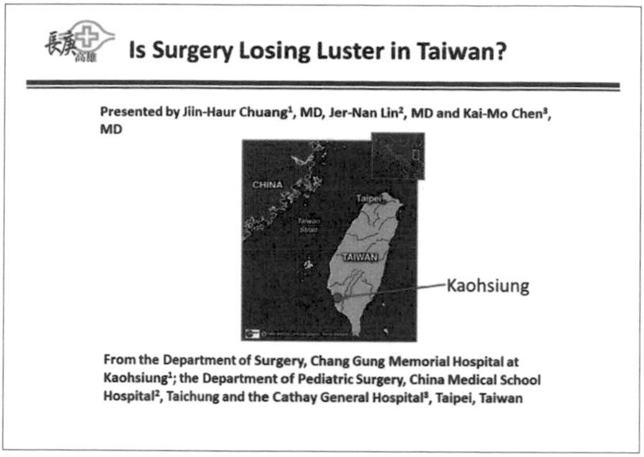
Is Surgery Losing Luster in Taiwan?
Presented by Jiin-Haur Chuang[1], MD, Jer-Nan Lin[2], MD and Kai-Mo Chen[3], MD
CHINA
Taipei
TAIWAN
Kaohsiung
From the Department of Surgery, Chang Gung Memorial Hospital at Kaohsiung[1]; the Department of Pediatric Surgery, China Medical School Hospital[2], Taichung and the Cathay General Hospital[3], Taipei, Taiwan

▲ 圖 8.60 我的演講題目：外科在台灣逐漸失去光澤嗎？（Is surgery loosing luster in Taiwan）。

▲ 圖 8.61 窪田和夫人由紀，招待我和方醫師在**堺**市冰店吃冰消暑。

的援手，在我們抵達大阪府後，先到堺市一家非常有名的冰店吃冰消暑。（圖 8.61）之後安排非常特別的行程，遊覽建於西元五世紀的仁德天皇陵，此陵墓為百舌鳥古墓群一部分，佔地非常大，周長二點七公里，號稱和中國秦皇陵以及埃及古夫金字塔為世界三大陵墓。我們中午參觀，一路靜悄悄，但是庭園之美令人嘆為觀止。

當天晚上，滏田和夫人找來大阪地區幾位旅日台灣醫師，在非常高檔的日本餐廳用餐。大會所在地 RIHGA Royal Hotel and Convention Center 很新穎，我們住宿的房間走廊外種著竹子，生機盎然，視覺效果很好。大會演講順利進行。演講後，身兼介紹人的滏田頒發感謝狀及紀念品給筆

▲ 圖 8.62 身兼介紹人的滏田，於演講後頒發感謝狀及紀念品給筆者。

者，為這次不期而發生的演講，劃下句點。（圖 8.62）

兩年以後，在林哲男教授的推薦下，筆者於二〇一一年七月二十日至二十二日在東京舉辦的日本小兒外科醫學會第四十八回年會，再做大會演講。大會會長土岐彰（Akira Toki）教授事前和筆者密切連繫，所以準備起來，從容不迫。題目很早就定下為〈台灣小兒外科的建立與發展：日本長期友情支持及更深入的故事〉。筆者定這題目有多重意義，首先，早期到日本進修的台灣小兒外科醫師，遠遠超過歐美。其次，台灣小兒外科醫學會於一九八六年成立，從那以後到二〇一〇年，總共有二十一位日本小兒外科醫師應邀來台灣做大會演講。其中東京順天堂醫院的駿河敬次郎（Keijiro Suruga）教授是第一位被邀請，也是唯一來過三次的醫師，主要他主持的順天堂醫院小兒外科，是最多台灣醫師進修的醫局，包括陳守誠、巫堂鑾等前輩以及許多後進，實現有容乃大的至理名言。

為了豐富演講的內容，筆者一一徵詢多位前輩及台灣小兒外科醫學會同仁，提供相關的資料。唯一例外是洪文宗教授，直到筆者出國前一直無法與他本人連絡上，故與他相關之內容資料多是從他給我的書《我與台灣小兒外科》中摘取。一個小時的演講，無法面面俱到，筆者從台灣醫療的歷史演變，小兒外科前輩進修以及事後他們對台灣小兒外科的貢獻，到連體嬰分割、膽道閉鎖病人以大便卡篩檢成功，反映我們共同努力獲得的成果。接下來小兒外科發展的困境，包括新生兒出生率的遞減，筆者再從日本醫師頻繁交流獲取的突破性見解，以及應用新科技如微創手術，乃至於筆者在膽道閉鎖病人發生膽管炎的研究，減少無效醫療等多面向，提供正面因應之道。

演講內容事前就傳給會長土岐彰教授，摘要也早登錄在大會手冊上，所以和土岐彰教授首次在歡迎酒會上碰面，即一見如故。（圖 8.63）在筆者推薦下，亞東醫院陳芸醫師也應邀參加「亞洲年輕小兒外科醫師」論壇，提出報告，讓日本小兒外科醫師多認識台灣年輕的一代。（圖 8.64）

大會演講順利進行（圖 8.65），結束

▲ 圖 8.63 筆者和土岐彰會長在歡迎酒會上碰面。

▲ 圖 8.64 陳芸和我及佩文在會場合照。

▲ 圖 8.65 筆者大會演講，主題是「台灣小兒外科的建立與發展：日本長期友情支持及更深入的故事」（Evolution and Progress of Pediatric Surgery in Taiwan: A Tale Encompassed with Longstanding Friendship from Japan and More）。

時榮獲與會日本小兒外科醫師熱烈的迴響，在會場內外和許多日本醫師合照，包括駿河敬次郎教授。（圖 8.66）值得一提的是，大會主題「兒童：銜接未來的橋樑」，簡潔又貼切。

本次大會演講勾起許多資深日本小兒外科醫師深刻的回憶，還希望藉此與相識的醫師搭上線敘舊。例如大橋映介（Eisuke Ohashi）夫婦特別提到與陳維昭校長在東北大學的友誼，而 Hirai Y 則希望我能幫忙與北醫陳守誠教授再連絡。當然像 Ryoji Ohi 等，聽了演講，如逢故舊，話匣子一開，講個不停。過去素未謀面的名譽會長角田昭夫，也一再稱許。由於迴響之日本小兒外科醫師

▲ 圖 8.66 溼田昭男、理事長 Iwanaka、駿河敬次郎和筆者（自左至右）在會場門口合照。很有意思的是，大會主題是「兒童：銜接未來的橋樑」（Children：Bridge into the future）。

眾多，不克一一枚舉。大會安排的晚宴，在一艘豪華遊艇上進行，席間不僅和土岐彰會長夫婦有親切的互動，和其他小兒外科醫師的杯觥交錯也非常熱絡，包括也一樣應邀來演講的 Hiroyuki Shimada 教授（圖 8.67）。平常工作忙碌的老婆，難得陪我開會，還參加醫師娘團體在東京逛大街，留下難得的照片。（圖 8.68）

▲ 圖 8.67 在遊艇晚宴上大家都很興奮，坐下來最右側貴賓是 Shimada 教授。

▲ 圖 8.68 佩文參加醫師娘團體逛東京留影。

演講資料既然是大家提供，筆者會後也將演講內容轉成PDF檔，透過台灣小兒外科醫學會，與大家分享。筆者從事小兒外科，因緣際會，到許多地方開會，彷彿乘著歌聲的翅膀，實現以文會友的美夢。

後記

豈能盡如人意，但求無愧我心

「不經一番寒徹骨，怎得梅花撲鼻香？」這句話，很多人聽過，也能朗朗上口，因為簡單易懂。但是知道它出自唐代高僧黃檗禪師的人可能不多，還能參透他這句話用來開釋弟子的人，可能更少。很多人以為參禪只看領悟能力好不好，殊不知道背後付出的代價有多少。即令聰明如禪宗大師六祖惠能，到湖北黃梅跟隨五祖弘忍學佛，也先在廚房做工八個多月，只是「舂米，破柴」，未曾上過一次正殿，聽過一次法會。到底惠能跟五祖學佛多久才出師，歷史沒有記載。惠能不識字，卻能融會貫通深奧的佛理，絕非一朝一夕可以畢其功，而是日日夜夜從師兄弟口中朗誦的浩瀚經書，經過自己強記、消化，才能成為史上最令人折服的禪師！這段六祖壇經記錄惠能學佛的過程，可以印證任何行業要出人頭地，必須付出辛苦的代價。

筆者從事小兒外科，一路跌跌撞撞，甚至數度哀嘆醫師難為，尤其在全民健保開辦之前，以及開辦後頭幾年。不分晝夜應付急診病人不用說，數度瀕臨被病人家屬告的邊緣更令人垂頭喪氣，當然，付出與收入也非常不成比例。這階段也不巧是我家孩子成長的時期，他們看到爸爸不時哀聲嘆氣，都被嚇跑，只有老大不知道那裡來的勇氣，後來踏入醫學這一行，當然不選擇小兒外科！

能支持我硬撐下去的，除了家人及醫院的充分支援，還有病人家屬的諒解，在關鍵時刻能體諒我們付出的心血。筆者也特別感謝信任我並且不斷轉介病人給我，一起來解決小朋友問題的開業醫師，他們是我堅實的後盾。在此提出印象特別深刻的三位。首先是在澎湖執業小兒科的周明河醫師，從民國七十五年高雄長庚醫院開幕後不久，我接到他轉來的第一例病人，直到現在，每年總有幾例，幾乎沒有間斷過。我和他素不相識，我們的交往也只有在轉診單上盡量詳細填上我的診斷和處置，以及每年年終寄上一張賀年卡表達我的謝意。彼此如此信任和神交，令筆者後來放心將手術後的病人，到他的門診追蹤傷口及術後狀況，免坐飛機飄洋過海到台灣回診。我們也一直到幾年前，我當高雄長庚醫院副院長任內，而周醫師是澎湖縣醫師公會理事長時，因公務開會才有機會見面接觸。

另外兩位也很特別，他們是在高雄縣大寮鄉樂生婦幼醫院服務的亓允文及邱溥容醫師。

雖然他們執業的地方，離開我們醫院很近，筆者卻一直沒有造訪過這家醫院，甚至至今尚未和邱醫師見過面。和亓醫師則還好因高雄縣醫師公會開會的關係而有數面之緣，但是他們對筆者的信任從未間斷。除了他們三位，當然還有很多認識或不認識的醫師轉介病人到筆者門診就醫，限於篇幅，不克一一列名致謝。

筆者可以趨吉避凶的另一原因是有可以信任的團療團隊成員，幫我分憂解勞。尤其在創業維艱的前十年，最早有謝志松醫師加入，讓我得以喘息，避免天天值班、日以繼夜地提供服務，令筆者銘感五內。稍後李信儀助陣，陣容更堅強。此外，小兒胃腸肝膽科黃守智醫師在診斷及照護上的協助，格外貼心，宛如筆者的左右手。放射科李子瑜、高常發等醫師在很多兒童疾病上提供正確的診斷，大大地幫忙筆者，避免走叉路。

麻醉科李汝浩、馮仕端及潘恩源等醫師，和麻醉技術師祝國馨、高月緣等人的襄助，讓兒童在最好的麻醉狀態下接受開刀，不僅筆者可以從容不迫地進行手術，病人術後疼痛及壓力的反應，一如筆者在第七章所發表的報告，仍然適用至今，也令筆者及家屬寬心。當然開刀房、病房、門診等非常多護理、醫事人員的幫忙，構成綿密的支援團隊，使筆者在那艱難的階段能熬過去，之後守成就相對容易多了。

當然，很重要的，還是不斷充實自己的學識和技能，精進醫術。在筆者執業的前段生涯，幾乎買遍解剖學的教科書，也看遍新生兒手術相關的書籍及文章，落實手術及照顧的重任。在沒有網路的年代，還為了查資料成為本院圖書館的常客，也不時到高雄醫學院圖書館，去查閱本院找不到的醫學文章。手術前還花非常多的時間去揣摩不常在兒童做的手術，例如為癌症進行的肝切除術或甲狀腺全切除術，筆者不僅概括承受這些疾病的手術，使旁人知道我們有能力處理，也使開刀能得心應手地進行，這些病人當然也都順利地恢復過來。只有付出極大的心力，熬過這階段，才能從治好的病人獲得良好的回饋，並得到非一般言語所能形容的愉悅。尤其天真無邪的孩子的眼神，從發病前的無助到術後恢復過來的光采，彷彿透露這一行的天機，更印證黃檗禪師那句話的玄機。

明朝開國皇帝朱元璋的軍師劉伯溫以神機妙算著稱，享譽民間。他可能也有失手不如意的時候，才這樣自勉：「豈能盡如人意，但求無愧我心」。包括林則徐在內，很多名人都引用這句話，當成座右銘，甚至於寫成條幅懸於室中，以激勵自己。筆者從第一章開始，一路說來，只想告訴年輕一代的外科醫師，小兒外科這一行很特別，要精通外科的十八般武藝，也要掌控新生兒到青少年的生理特性，更要能精準地洞悉每一樣手術所面對的解剖學構造，才能在那麼多種疾病的治療範疇裡游刃有餘！可想而知，如果不比其他行業的醫師辛苦很多倍，怎能獲得應有的酬勞，甚至無愧於心？

現在的醫療分工太細，很多複雜的兒童外科疾病，術前、術後都有小兒科醫師照料，對小兒外科醫師言，好處是不必事必躬親，輕鬆很多，壞處是病人的變化，有的和手術密切相關，若無法即時掌握，往往錯過治療的良機。受害的是病人及家屬，為此收尾巴的是小兒外科醫師自己，而且沒及時挽救所衍生的後遺症，不但一輩子跟著病人，也一直跟著手術的醫生！

少子化對小兒外科的衝擊，毋庸置疑，但是全民健保對小兒科及小兒外科優渥的給付，遠勝以往。以前須緊急手術治療的兒童疾病，很多可以在充分準備下，以擇期手術方式進行。當年我們不分晝夜付出勞力的狀況，已經大幅地改善。現代小兒外科醫師的生活品質，是筆者年輕時候無法嚮往享受的。他們理應更有時間精進自己的學識和技術，以應付常見但多變以及不常碰到的小兒外科疾病。

長庚醫院王創辦人永慶先生曾說過一句話：「天下沒有容易做的事，也沒有做不成的事。」真是至理名言，尤其對小兒外科醫師。這一行若說難，難在有沒有心理準備，願不願意吃苦耐勞。更不容易做到的是前瞻性的思維，能時時刻刻想到手頭上的病人一生的生活品質，就決定在小兒外科醫師手上，甚至於一念之間！如果願意經歷一番寒徹骨，充實自己，精進醫術，相信總有一天能精通小兒外科這領域絕大多數疾病。除了嚴重的遺傳性及神經相關異常，目前尚難手術挽救，其他還有做不成的事嗎？

孤掌絕對難鳴，小兒外科少見及罕見的疾病比任何科多，我們須要時時和同好切磋琢磨。除了勤於閱讀文獻，更要出國進修或常常到世界各地開會，增廣見聞。經過長時間的努力以赴之後，相信年輕一代的小兒外科醫師，可以和我一樣領略這一行特有的風情，並得梅花撲鼻香！

觀成長42

兒童與我：乘著歌聲翅膀的小兒外科醫師

作　者—莊錦豪
視覺設計—徐思文
主　編—林憶純
行銷企劃—謝儀方

第五編輯部總監—梁芳春
董事長—趙政岷
出版者—時報文化出版企業股份有限公司
108019台北市和平西路三段二四〇號
發行專線—（〇二）二三〇六—六八四二
讀者服務專線—〇八〇〇—二三一—七〇五、（〇二）二三〇四—七一〇三
讀者服務傳真—（〇二）二三〇四—六八五八
郵撥—一九三四四七二四時報文化出版公司
信箱—一〇八九九臺北華江橋郵局第九九信箱
時報悅讀網—http://www.readingtimes.com.tw
電子郵件信箱—yoho@readingtimes.com.tw
法律顧問—理律法律事務所　陳長文律師、李念祖律師
印　刷—勁達印刷有限公司
初版一刷—二〇二二年五月二十日
定　價—新台幣四百元

時報文化出版公司成立於1975年，並於1999年股票上櫃公開發行，於2008年脫離中時集團非屬旺中，以「尊重智慧與創意的文化事業」為信念。

兒童與我：乘著歌聲翅膀的小兒外科醫師 / 莊錦豪作. -- 初版. – 臺北市：時報文化出版企業股份有限公司, 2022.05
300面;14.8*21公分. -- (觀成長；42)
ISBN 978-626-335-149-3(平裝)
1.CST: 莊錦豪 2.CST: 醫師 3.CST: 臺灣傳記
783.3886　　111003083

ISBN 978-626-335-149-3
Printed in Taiwan